梧桐树系列丛书　　段立群　关春霞　主编

不一样的课堂

BUYIYANG DE KETANG

陈丽霞　牛保华　范君召　主编

知识产权出版社
全国百佳图书出版单位

图书在版编目（CIP）数据

不一样的课堂/陈丽霞，牛保华，范君召主编．—北京：知识产权出版社，2020.11
（梧桐树系列丛书/段立群，关春霞主编）
ISBN 978-7-5130-7260-1

Ⅰ.①不… Ⅱ.①陈…②牛…③范… Ⅲ.①活动课程—教学研究—中小学 Ⅳ.①G632.3

中国版本图书馆CIP数据核字（2020）第204425号

内容提要

苏霍姆林斯基说："学习如果具有思想、感情、创造、美和游戏的鲜艳色彩，那它就能成为孩子们深感兴趣和富有吸引力的事情。"可见，学习内容和方式是多么重要！综合实践活动课程作为国家课程改革的亮点，体现在变革教师"教"的方式、学生"学"的方式上；以"小项目"为研究主题，通过合作、探究、实践、调查、采访、实验、统计、研学等方式，进行跨学科的深度学习，将知识、技能、方法与学科思想融会贯通，重构学生思维，重组学生经验，丰富多元情感，实现立德树人、全面发展的课程育人价值。

一节课就是一个世界。本书基于学生兴趣和经验，遵循维果茨基提出的"最近发展区概念"，根据学生活动的真实情景和活动内容，通过实践验证，设计了具有一定文化符号的课堂模式。

责任编辑：田　姝　郑涵语	责任印制：刘译文
封面设计：舒　丁	

梧桐树系列丛书
段立群　关春霞　主编

不一样的课堂
BUYIYANG DE KETANG

陈丽霞　牛保华　范君召　主编

出版发行	知识产权出版社有限责任公司	网　　址	http://www.ipph.cn
电　　话	010-82004826		http://www.laichushu.com
社　　址	北京市海淀区气象路50号院	邮　　编	100081
责编电话	010-82000860 转 8569	责编邮箱	laichushu@cnipr.com
发行电话	010-82000860 转 8101	发行传真	010-82000893
印　　刷	北京中献拓方科技发展有限公司	经　　销	各大网上书店、新华书店及相关专业书店
开　　本	720mm×1000mm　1/16	印　　张	14.5
版　　次	2020年11月第1版	印　　次	2020年11月第1次印刷
字　　数	216千字	定　　价	39.00元

ISBN 978-7-5130-7260-1

出版权专有　侵权必究
如有印装质量问题，本社负责调换。

丛书主编：段立群　关春霞
本书顾问：岳宇巅　曹淑玲
本册主编：陈丽霞　牛保华　范君召
副 主 编：柴红森　赵　扬　杨志华

编　委：（按姓氏笔画排序）

万祎	王佳	王圆	王嫄	王红宾
王金平	王喜峰	牛红	孔珂	生慧强
司源	邢青云	毕瑞霞	刘杰	刘蔚
刘明月	关春霞	杜天伟	李茹	李艳
李莉	李沁芳	李桂萍	李鸿鹏	杨娟
杨建伟	吴帅	邱朴智	何亚珂	邹静
张文	张颖	张力伟	张书艺	张丽红
张秀红	陈梦园	周梦思	赵玮霞	赵毅妹
段芳	秦丽敏	袁田梅	袁慧玲	高凌浩
黄莹莹	曹丽萍	梁泽璞	程晓璐	焦福梅
路绪锋	鲍玉	薛静	魏一	

发挥综合实践活动的育人功能

新时代背景下落实立德树人的根本任务，深化育人体系的改革，促进教育高质量发展，综合实践活动承载着越来越多的教育任务。2001年我国新一轮基础教育课程改革启动以来，作为一门新课程，综合实践活动日益得到教育工作者的价值认同、理念认同和实践认同。作为全国最早一批国家级课程改革实验区，郑州市金水区在综合实践活动课程建设、课程实施、管理评价等方面进行了大量有益的探索，是全国区域整体推进综合实践活动最有影响的先进典型之一。2017年，教育部正式颁布《中小学综合实践活动指导纲要》（以下简称《纲要》），进一步确认了综合实践活动的价值定位，并把研学旅行、劳动教育、爱国主义教育、革命传统与理想信念教育、安全教育、环境保护教育，以及3D打印技术、机器人、人工智能等新技术体验等纳入综合实践活动的主题或内容。[1] 综合实践活动在本质上是实践教育，实践育人是综合实践活动的根本功能，更是新时代背景下综合实践活动课程发展的根本方向。如何切实体现综合实践活动的育人功能？如何建立实践教育的新形态？围绕这些问题，金水区综合实践活动教研员关春霞老师带领金水区中小学的校长们和教师，开展了非常有意义的课程探索和课程实践。

实践是人类最普遍的生存方式，其基本的形态是工具性实践（生产斗争）、关系性实践（阶级斗争）和认知性实践（科学实验）。综合实践活动是一种教育性实践，[2] 对学生的发展具有重要教育价值和育人

---

[1] 中华人民共和国教育部. 中小学综合实践活动课程指导纲要［S］. 北京：人民教育出版社，2017.

[2] 郭元祥. 论实践教育［J］. 课程·教材·教法，2012（1）：17-22.

功能，但其育人功能的实现必须克服表面活动、表层活动和表演活动的局限性，为综合实践活动奠定坚实的社会基础和价值基础。

建立学生作为发展中的主体与外部世界之间生动的、真实的、现实的社会关系，丰富学生作为人的社会本质，是实践育人价值的社会基础。马克思主义认为，实践是主观见之于客观的活动，是人有目的的与客观世界相互作用的过程；而人在本质上是"一切社会关系的总和"。人的社会本质与实践本质决定了实践育人价值的根本基础。"实践是一个反映主体和客体、主观和客观之间的现实关系的范畴"❶，可以说，实践是促使人构成社会关系的根本途径。它实质上是指人与外部世界构成的社会关系的总和，而不是指与作为对象存在的社会关系的总和。人的本质不是一切社会关系的杂乱堆积，而是通过实践构成各种社会关系的有序集合，实践是人与外部世界特别是社会世界构成多元社会关系的纽带和桥梁。人是社会的人，社会性是人区别于动物的根本特征之一。

如果说"人—知"关系的建构是学科育人的逻辑起点，那么，"人—客观世界"关系的建构则是实践育人的逻辑起点。实践作为主观见之于客观的活动，其本质是人与客观世界的互动，在真实的自然背景、社会情境中，通过解决问题，达成人与客观世界的交互作用，实现人的实践活动的目的。通过主体与客体的一体化活动，促进人的发展，是实践育人的根本前提。通过实践，每个个体才能融入特定的社会关系中，才能合乎人的生存与发展目的，构成并处理与外部世界的关系。人通过实践，构成人与自然、人与他人、人与社会、人与自我的关系，并达成精神生命的成长。实践既是人在本质上体现社会关系总和的纽带，更是人作为社会活动主体根本的存在方式。离开了实践，人不可能建立起与外部世界的密切联系，不可能形成与客观世界的关系体，从而便无所谓"一切社会关系的总和"。

综合实践活动有助于实现学生的社会化，促进学生的社会性成长。

---

❶ 夏甄陶. 再谈实践的含义和要素 [J]. 哲学研究，1980 (11)：3-11.

实践育人功能的社会基础决定了综合实践活动的实施，必须充分表达出实践学习活动的社会属性。引导学生真正进入社会，在真实的社会情境中引导学生结成社会关系，面向生活、走入社会、服务社会，参与社会交往活动、社会生产劳动，关注社会、思考社会问题，分析和解决社会问题，才能实现实践的社会属性和社会价值。

认识世界并真实地进入世界，发展人作为主体的能力，为人的全面发展奠定方向和目的，是实践育人价值的价值论基础。实践不仅是人与外部世界构成一切社会关系的纽带和桥梁，也是人认识外部世界的基础。实践既是认识的基础，也是认识的目的。作为教育活动的综合实践活动与人类普遍性实践具有同等属性。实践是有目的的感性活动，直接的、现实的客观世界既是人的实践对象，也是人的认识对象。人通过实践，一方面，逐步获得了对客观世界的真理性认识，即所谓实践出真知；另一方面，掌握了处理与客观世界关系的生存条件和发展策略，丰富了人的精神世界。不仅如此，实践还是检验真理的唯一标准，为人的认识提供一个检验的途径。从人的全面发展的角度看，实践是人的成长与发展的重要基石。一方面，实践赋予了人的社会本质；另一方面，人通过实践获得了生存与发展的社会基础和目的指向性。

实践体现了人改变世界的价值关怀，实践不是人的思辨对客观世界的虚构，也不是个体孤立的自然生命活动，而是具有丰富内容和明确价值取向的目的性活动，"这样一种实践是人类改变世界、改变自身、实现人的解放和全面发展的历程，这一历程是历史观、价值观不断统一的过程"。[1] 对人的生存和发展而言，实践是作为主体的人的存在方式，是改造世界、实现人的解放与人的全面发展的全部过程。离开了这一过程，人的生存、发展与解放是不可想象的。

综合实践活动作为一种教育性实践，是一种以自身为对象的特殊实践，是一种人性自我建构的实践活动。在自我建构的实践活动中，学生既是学习活动的主体，又是客体，通过主客体的相互作用而不断

---

[1] 王仕民. 简论马克思的实践范畴 [J]. 哲学研究，2008 (7)：30-33.

改造自己、发展自己、完善自己，对自身已有的心智结构进行审视与反思，"积极推进已有心智结构按所需要的方向发生相应的变化，实现预期目的的对象化、现实化"。❶ 由此可见，学生在综合实践这种特殊的学习中既改造了外部世界，也改造了自身内部世界，在这个过程中不断地扬弃外部世界和自身主观世界的自在性，实现对客观世界和自身的超越。

综合实践活动育人功能的根本价值目标是立德树人，培养社会主义建设者和接班人，为学生成长奠定正确的思想意识和价值观念，发展良好的思想品德，通过价值体认，增强对自然、对社会、对自我的责任感，建立爱国主义情感，尊重民族文化、传承先进文化并具有文化自信意识和文化自觉能力，是综合实践活动育人功能的价值方向。同时，通过在综合实践活动中丰富学生的经验和体验，提升学生在真实的情境中利用工具、手段和技术分析解决实际问题的能力，发展学生的创新意识和实践能力，是综合实践活动育人功能的价值属性。正是基于此，才能促进学生的社会化发展和个性化成长，造就具有主体精神、家国情怀和参与社会活动能力的主体。

实践育人功能，即实践对于学生的发展功能，是实践对于学生身心的影响作用，尤其是对学生的认知能力、情感发展、价值观培育、文化滋养等社会性素养发展等方面的影响作用。综合实践活动本质上也是一种学习，是实践性学习，是学生作为人的生长过程的目的性的现实活动。其育人价值和育人功能总体上说体现在"认识世界"和"进入世界"两大方面，且具体体现在以下几个维度。

第一，认识世界。实践是主观见之于客观的活动。作为一种教育性实践，引导学生在社会这种"特定环境"中开展多方面的现实活动，是实践育人的现实基础。而对自然、对社会、对文化、对自我的理解则是实践育人的根本基础。没有理解就没有理性的实践。通过实践性学习认识世界，是综合实践活动育人的起点。

科学认知。人对客观世界的认识有两种途径，一是通过获得前人

---

❶ 鲁洁. 教育：人之自我建构的实践活动 [J]. 教育研究，1998（9）：13-18.

积累的知识，这些知识对学生而言，是间接经验，是前人总结的客观事物的内在规律。间接经验学习的首要基础便是通过符号知识，来理解事物或事务的本质及其规律，形成对客观事物的科学认知和正确理解。二是通过自主实践，获得直接经验，即实践学习。实践学习的出发点不是获得符号知识，而是通过亲身体验来认识和理解事物的本质、内在关系及其规律，并建立关于事物和事务的基本思想，形成正确的认识和理解事物的思维方式。实践学习就是获得直接经验的过程，是通过体验和体悟的活动来实现的。

技术体验。技术是关于分析和解决问题的概括性、规律性、普遍性、系统性的总结性观念和系统性的方法与方法论，技术与思想是一对孪生子。思想是对技术本身的哲学思考和理性概括。技术体验，也成为技术学习、应用学习，是学习向更高一级层次学习转化的必经阶段。技术学习不是一个从符号到符号的过程，而是一个从理解到思想，从技术到方法的问题解决过程。问题解决不仅仅依赖于理性思维，也依赖于特定技术环境、主客体相互作用的过程，依赖于手段、工具和环境，也就是依赖于活动。皮亚杰认为，"儿童应通过动作进行学习"，动作学习发生的起点就是"主客体相互作用唯一一个可能的连接点——活动"。❶他所说的"活动"，不是纯粹的理性思维活动或认知过程，而是动作、操作、应用、探究，是基于实践的问题解决。技术体验是由理解走向应用、走向问题解决的重要阶段，其本质是应用学习（applied learning），尤其是在开放情境中借助一定的手段和条件解决复杂问题的应用学习。

第二，进入世界。一切真实的实践都是社会性的、生命性的实践，进入世界是实践育人的根本过程，结成社会关系，进入社会结构，参与社会活动，构成主体与客观世界的生动的互动，是实践育人的根本途径。游离于客观世界之外，综合实践活动何以育人？对于学生的成长而言，正如弗兰（Fullan M）等深度学习的研究者所主张的那样，

---

❶ [瑞士] 皮亚杰. 皮亚杰教育论著选 [M]. 卢睿，译. 北京：人民教育出版社，1990：9-10.

"除了进入世界和改变世界,没有什么值得学习的东西是可以教的"[1]。对综合实践活动课程来说,学生要获得的不是什么事实或知识,而是进入世界、参与世界、改造世界的关键能力。

社会参与。实践学习具有社会属性和实践属性,学习不是个体的自我蜕变的自私活动,通过知识学习,理解社会并进入,建立自我与社会的关系,学生社会化成长才能够实现。学生的实践素养在本质上是进入社会、参与社会,以及在此基础上的必备品格和关键能力。社会参与不是指教学活动简单地参与真实的社会情景中,而是基于多维度地建立其实践学习与社会的关联性,是通过社会理解建立起主体与社会的联系,构成人与社会的关系,即"我—你"关系,从而思考社会问题,建立社会责任感,发展学生的社会意识、分析解决社会问题的能力,以及各种社会活动能力。建立自我与社会关系,理解社会结构,探讨社会问题,建立社会责任感的学习,其本质是社会学习。社会学习的最高境界是参与社会,而社会参与是以社会认知为基础,以社会探究、社会参与、社会服务和社会实践为主体对符号知识的拓展学习。社会学习的根本目的是发展学生进入社会、进入生活、参与社会的意识、责任和能力,直至改造社会的必备品格和关键能力。

文化觉醒。在实践中理解社会文化,建立文化自信和文化自觉,是实践教育的根本目的。文化是社会成员共创、共享、共守的物质和精神产品的总和,其核心是精神文化。文化自信根植于社会主体对本民族和国家文化的历史认知、理性理解和现实审视,以及对不同民族的文化比较考察,文化自信源于主体基于唯物史观对民族和国家文化的一种历史价值和现实价值的认识与理解。作为个体的具有自然生命的人的社会化和个性化的过程,就是使个体不断地成为占有社会文化的社会意义上的人、文化意义上的人的过程,就是使个体人化和文化的过程。离开了群体社会的文化,人的生成是不可能的。因此,人的社

---

[1] FULLAN M, QUINN J, MCEACHEN, J. eds. Deep Learning: Engagement the World Change the World [M]. Ontario: Arnis Burvikovs, 2018: 2-3.

会化过程也就是人的文化同化的过程，是作为个体的人习得、分享、遵守甚至参与创造文化的过程。德国文化教育学家斯普朗格（Spranger E）把个人与文化的这种关系称为"生动的循环"。文化最根本的教育价值就在于使得个体的人成为社会的人，即人化。个体与特定群体或一定社会的隔离，本质上是文化的隔离，尤其是与精神文化的疏离。精神文化的习得和分享，是个体成为人的关键。斯普朗格认为，个人只有习得和具有了作为文化形式的"团体精神、客观精神、规范精神、人格精神"[1]，才能真正成为人。从此意义上说，实践学习的过程就是使学生进入文化的过程，进而建立文化自觉、文化自信的过程。

生命体悟。从教育的角度说，实践是一个人精神发育和成熟的过程。如果说科学认知是指向事物和事务的，那么生命体悟则是指向内在自我的。实践具有完善人的理智感、道德感和美感的价值，有助于学生对自我的认识、对自我的调控、对自我的反思。因此，实践学习的根本宗旨是导向学生的自我发展。以生命实践活动为基础的，激发生命主体的生命自省、生命自觉、生命自悟三种内在精神活动。在综合实践活动过程中，学生在真实的自然环境、社会环境中全身心的体验、沉浸于真实的情境、真实的问题，具身学习，赋予生命意义的体验和觉悟比任何说教都更有力量。所谓价值体认、责任担当只有基于生命体悟的层次才真正有发展性，否则价值观和责任感则是接受层次的，而达不到自觉的境界。

《不一样的课堂》体现了基于学生兴趣的主题选择、有价值的问题驱动、真实的实践情景、有效的实践方法、多样的实践经历、丰富的体验和多元的成长，彰显了不同活动主题的课型模式和文化构建，为学生认识世界、进入世界、文化觉醒、生命体悟、社会参与等提供了丰富的实践空间。

关春霞老师团队结合新《纲要》的要求，将实现综合实践活动课程的育人功能作为课程建设、资源开发的根本出发点，扎根并挖掘中原黄河文化资源，切实体现综合实践活动在课程育人、文化育人、社

---

[1] 邹进. 现代德国文化教育学[M]. 太原：山西教育出版社，1992：57.

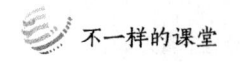

会育人、实践育人和活动育人等方面的价值，所开展的研究对深化综合实践活动课程研究与课程实施，对建构实践教育新形态，都具有重要的借鉴意义。

华中师范大学教育学院二级教授、博士生导师
教育部华中师范大学基础教育课程研究中心常务副主任
中国陶行知研究会实践教育分会理事长、
中国教育学会教育学分会综合实践活动专业委员会理事长
2020 年 11 月 4 日

前　言

2017年9月，教育部印发《中小学综合实践活动课程指导纲要》中指出："综合实践活动是从学生的真实生活和发展需要出发，从生活情境中发现问题，转化为活动主题，通过探究、服务、制作、体验等方式，培养学生综合素质的跨学科实践性课程。学生能从个体生活、社会生活及与大自然的接触中获得丰富的实践经验，形成并逐步提升对自然、社会和自我之内在联系的整体认识，具有价值体认、责任担当、问题解决、创意物化等方面的意识和能力。"可见，在综合实践活动课程中引导学生深入理解和践行社会主义核心价值观，实现立德树人，五育融合，培养学生全面发展，落实中国学生核心素养，具有深远的意义。

一、区域综合实践活动课程实施样态

金水区作为国家课程改革首批实验区之一，自2001年开始实施综合实践活动课程，至今已有二十年的历程。这二十年里，我们构建了五个"五年计划"，持续深入引领课程发展，走出了综合实践课程建设的"金水之路"。

第一个"五年计划"，实现了"无"到"有"。金水区从2001年始，不依不靠，倡导学校以活动为主，自主开发活动主题，探究综合实践活动课程的实践步骤，形成优秀的活动案例，打造学校特色文化，促使了课程从零星探索到常态实施。期间，出版了综合实践活动教师学习参考用书《亲历实践——经典案例集萃》，为教师的实施理念指明了方向，提供了可借鉴的实践经验。

第二个"五年计划"，实现从"有"到"深"。金水区在2006年已经形成了较为丰富成熟的活动实施经验，颁布了《金水区综合实践活动课程实施规范指南》，指导各校规范落实、常态实施，细化各年级段实施目标，探索课型模式、评价；师资力量发展也从兼职转化为专职；进一步助推了学校稳步的发展和区域常态有效实施地经验。期间，区域汇编了《聆听花开的声音——活动设计篇》，将金水区课程常态实施的模式得以推广。

第三个"五年计划"，实现从"深"到"优"。2011至2015年期间，金水区颁布了《进一步加强综合实践活动课程实施指导意见》，从学校规划、课型探究、课程管理与评价等，进一步深化与探索。期间，金水区将积累的实践经验进行提炼，编制了《3-9年级学生综合实践活动能力发展标准》（被河南省教研室采用、印发），按螺旋上升原则，确定了学生12项能力发展指标，将课程深入有效地实施引领到课程品质优质发展，实现了课程向下深潜，向上张扬。

第四个"五年计划"，实现从"优"到"新"。金水区自2013年始，开展每年一届的暑假"能力生根"活动，至今已经开展到第七届（早于郑州市一届）。"能力生根"活动指3-9年级的学生利用暑假期间带着问题，结合小组，在家长和教师的指导下，通过调查、采访、实地考察、实验、统计、研学、宣传、设计等多种研究方法，搜集丰富的、科学的资料，进行总结与反思，提炼观点与收获，撰写一份丰实的研究报告。此活动在学校、教师、家长乃至社会都形成了一定的影响力。期间，2018年，来自不同行业的区人大代表，对金水区综合实践活动课程开展情况进行了实地调研，在反馈中充分肯定了金水区综合实践活动课程实施的有效性以及带给学生长远发展的意义。经验性文章《区域推进综合实践活动课程的有效作为》发表在《基础教育课程》。

第五个"五年计划"，实现从"新"到"融"。将劳动教育课程与综合实践活动课程在实施内容、实施策略、评价、基地建设、资源开发等进行整合和融合，打造新的课程"融合"模式，实现共生，相辅相成，迭代发展。期间，金水区出版了《跨学科课程的20个创意设计》，引领学校构建跨学科的创意设计模型，实现了从能力生根到创意设计；区域经验性文章《新时代劳动教育需要观念的更新与行动的创新》发表在《基础教育课程》上。

目前，金水区形成了"一校一品"、多元的综合实践活动课程实施样态，树立了学校课程品牌文化，提升了教师专业成长，落实了学生的综合素质发展。

二、综合实践活动课堂文化探索与构建

综合实践活动课程是一门具有综合性、实践性、开放性、生成性特点的课程，打破单一的学科教学的壁垒，实现跨学科融合的学习方式，通过问题驱动、小组合作、实践探究、总结反思等系列活动，进一步促进学生高阶思维的发展，实现学生在活动中得以成长，情感得以丰富，并形成正确的世界观、价值观、人生观。课程进一步改变教师"教"的方式和学生"学"的方式课程。因此，活动的设计、课堂文化的构建决定着学生的学习态度、学习方法、学习经历、学习收获、学习感悟等。

（一）教师业务素养决定着活动质量

课程的落地在于教师，课程实施质量的高低取决于教师的业务能力，教师业务能力的高低直接决定着课堂的活动质量，活动质量的高低决定着学生成长空间。因此，教师具有多方面的专业度、深度、广度非常重要。

从目前看，师资存在三个方面的问题，直接影响着课程实施质量的高低：其一，当前985、211以及师范类院校大多没有开设"综合实践活动课程"这门学科，这决定了一批批参加工作的新教师对这门课程是"零认识"；其二，由于课程的"活动性""实践性""生成性""灵活性"比较强，如果没有两年以上的常态实施经验，很难应用课程理念解决课程实施中的问题，对学生进行有效的指导；其三，综合实践活动课程是一门需要教师和学生一起"做"的课程，尤其是在没有比较成熟的教参可以借鉴的情况下，只有教师通过亲身经历、实践探究、及时总结、深度反思、反馈提炼等，才能建立自己的观点。

因此，教师需要具备以下几个特点，才能胜任这门课程。第一，教师需要具备丰富的、正确的课程理念，并能落实在课程实施中；第二，教师在实施中，需要不断探究与积累大量的指导经验，才能促进

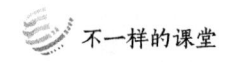

课程顺利开展；第三，教师需要具备多学科的知识体系，才能更好地胜任并指导学生的主题活动；第四，教师只有脚踏实地地经历至少两个活动主题的实施，才能更好地把握住课程的实施精髓以及课程理念。

可见，教师要想获得一定的经验，非一日之功；教师要想提高自己的课程规划与实践能力，也非一个活动主题的历练；这是一个不断实践，总结，应用，再实践，再总结，再提升的过程；更需要教师的潜心钻研。

（二）学生在常态化实施中需求不断递增

目前，金水区有80.6%的学校设置了3至6年级的专职综合实践活动教师，新建学校从一年级开始实施。学生随着年级的递进，在各个学科、乃至生活等方面的知识与技能、综合能力、情感态度、人生价值观也在递增与丰富。由此，学生在各方面的需求也在无形增加，这对教师是一种挑战！

尤其，综合实践活动课程是学生在活动中经历和成长的课程，是学生的经历、体验是不断递增的过程。其一，学生"学"的过程不是单一学科的学习，而是综合性的、跨学科性的深度学习；其二，学生的经历不是单一的一个活动，而是多个活动的组成、多元思维的发展、多个学科知识与技能的重组；其三，学生的学习活动是课程化的，有系统性、有逻辑性、有阶梯性，并用科学的方法、方式进行真实地探究与实践；其四，学生在活动经历中不断有新的体验、新的认知、新的发现、新的感悟、新的生成、新的设想，是多元发展综合。

由此可见，随着学生的不断成长与经验跌加，设计出一项活动具有开放性、多角度性、多维度性，才能满足学生进一步的需求与发展。

（三）活动设计中亟待解决的问题

笔者通过参加各级调研活动，通过指导师范院校的学生进行活动设计以及课堂模拟，发现存在以下共性问题：第一，活动设计浅显、缺乏深度，没有挑战性，不能引领学生思维进入到深度思考与体验；第二，活动实施较为单一，不能体现学科之间联系的综合性与实践性，不同层次的学生在学识、思维、实践等方面得不到进一步的提升；第三，学校缺乏对综合实践活动课程的整体宣传，使其家长对综合实践活动后期的活动不够支持，直接影响学生参与课堂的积极性和课堂质量的实效性。

造成以上情况的原因，有以下几个方面：其一，多数大学院校没有设置综合实践活动课程这门专业，导致教师对课堂的活动设计理念、方法等都缺少专业性、经验性；其二，课程涉及的调查活动多在校外进行，家长的不支持或者安全方面的担忧，导致调查、采访、参观等活动没法开设，活动实效降低；其三，班级人数过于超额，不利于教师在业余时间带领学生开展调查活动；其四，当前，以活动主题设计、活动实施案例、课堂教学等方面可借鉴的书籍并不多。

课程如何常态实施，活动如何有效设计，课堂如何达成目标，教师如何有效指导，这些成为课程深入实施的拦路虎。尤其是如何设计有趣味又丰富的活动，避免活动的无效性；如何让学生有序、有收获的参与活动，避免活动流于形式；如何让每一位学生都获得发展，避免活动覆盖面小；教师如何建构自己的知识技能体系，引导学生进行深度的学习，重构思维等；这些都是教师在实践中遇到的亟待解决的难题。

三、以"1+6+N"引领区域课程文化

在这二十年的课程实施过程中，金水区形成了"1+6+N"的推动模式，即"1"指"每一个学校、每一个学生、每一个教师，都要有一个项目"，"6"指课程实施设计需要体现"6个特性"，"N"指"多个措施"，以稳步推进我区综合实践活动课程良性发展。

（一）以"1+6"为导向，深耕课堂品质

"1"指一个项目，"6"指六个特性，综述是每个学校每个老师每个学生在每个学期都要选择一个项目进行研究，教师要以"6个特性"渗透到活动设计中，促进学生发展，提高活动质量，提升课程品质。

"六个特性"指：

第一，驱动性。综合实践活动设计一定要基于问题并解决问题，体现出综合实践活动课程的独特实施理念、实施步骤以及思维方式，有别于其他学科的教学活动；

第二，多样性。活动设计是一个丰富多样的活动串，有阶梯性，

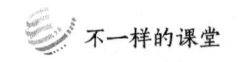

层次性，能够满足不同特长、不同兴趣、不同水平学生发展的需要，而不是同一个标准的活动体验和评价；

第三，趣味性。综合实践活动课程大多数课型是方法指导课，要避免枯燥的知识输送，让学生在有趣的体验中、讨论中、合作中获得方法，感受学学习的快乐和意义；

第四，融合性。不是单一的学科教学活动，而是跨学科的活动育人，在课程活动的设计中要体现学科间的融会贯通，实现高阶思维的发展；

第五，实践性。这是综合实践活动课程的最大特征之一，活动具有实践性，才能引领学生在活动中获得真实体验，总结与反思，感悟、失败与成功等；

第六，发展性。所有的活动目标都是为了促进人的发展，让学生在原有的基础经验、能力、情感等方面得到进一步的提高和发展。实现"为未知而教为未来而学"。

这六个特性彰显了综合实践活动课程的特征，发挥着独特的育人价值，促进着学生在课程、课堂中丰富的、深度的体验与成长。

（二）以"N个措施"助推课程良性发展

1. 加强师资队伍，保障课程常态。

金水区根据综合实践活动课程教师的年龄结构、能力水平差异以及培养目标，借助专家团队，定期集中培训，开阔教师眼界，并建立了骨干教师和青年教师的合作共同体，帮助青年教师加快成长。同时，金水区向上级职称评定部门成功争取到综合实践活动学科的职称评审专业类别，解决了教师职称的评审问题，实现了区域师资队伍逐渐壮大，稳步持续发展。目前，金水区 80.6% 的学校有专职教师，据不完全统计共计 100 人左右，成为河南省综合实践课程专职教师人数最多的区域。

2. 树立区域品牌活动，引领课堂文化。

从 2009 年起，金水区在每两年一届的教师基本功展评、教师希望杯（金硕杯）课堂大赛活动中将综合实践活动课程纳入常态比赛，深耕课程质量，建构教师教学风格，促进了综合实践活动课程规范化、品质化，提升了影响力。

3. 联合基地校课题，提炼课堂模式。

金水区以基地校联合的形式，合并归类教师遇到的问题，确定研究课题，并通过同课异构、小主题研究、跨区域教研、跨年级教研等方式，进行实践、研究，探寻经验。例市级重点课题《低年级综合实践活动课程常态有效实施》已经结题，并形成了一定的推广经验。省级重点课题《加强劳动教育在综合实践活动课程实施中的实践》、市级重点课题《以跨学科活动提升区域综合实践活动课堂内涵的研究》正在以基地校合作的形式，进行探索。

4. 强化课程督导，保障课程持续。

金水区将综合实践活动课程开设实施情况及实施效果，纳入中小学课程实施监测，并作为三年规划督导、视导、集中调研等督导检查的重要内容，加强诊断指导，帮助学校改进发展，形成了中小学综合实践活动课程反馈改进的长效机制，极有力利地促进了课堂常态、有效、持续地开展。

5. 建立评价机制，促进课程发展。

对课程、教师、学生评价机制。每学期金水区邀请专家，对各校综合实践活动课程的实施情况进行论证与评审，指导学校改进提升。评价教师方面，制定了《中小学综合实践活动学科学生课堂评价表及教师课堂观察量表》，诊断课堂的"教学评"一致性。评价学生方面，实施以校为本、放权赋责的课程评价，分别通过学期中的过程性和学期末的综合性学习成果展示交流，促进学生反思与成长。

总之，金水区综合实践活动课程实施的二十年来，我们"脚踏实地 仰望天空"，且行且思，取得了一定成绩的同时也遇到了发展的瓶颈。我们将继续前行与不断更新、迭代，深耕课程质量，打造品质，提升内涵，实现立德树人，五育融合，全面育人的功能。

关春霞

河南省郑州市金水区教育发展研究中心

2020 年 6 月 18 日

目　录

第一篇　思想站立／1

赫尔巴特提出，课程的内容选择必须与儿童的经验和兴趣相一致。只有与儿童经验相联系的内容，才能引起儿童的浓厚兴趣，引起相关的教学内容。因此，教师要尊重学生感兴趣的问题，引导学生从社会中发现感兴趣的话题或问题，如生活现象、自然现象，与自我成长密切联系的问题、社会经济发展的焦点、人民生活的改变、科技发展的创新等，开启问题并尝试着解决问题。

活动1　吹泡泡／3
活动2　主题分解／8
活动3　远离近视／13
活动4　看看谁的问题多／17
活动5　好玩的整理术／22
活动6　了不起的中医药／25

第二篇　思维发展／29

布鲁姆将教育目标分为六个层次：知道、领会、应用、分析、综合、评价。综合实践活动课程的实施过程既是将学生在各门学科中获得的知识、能力、技能、学科素养等进行跨学科学习的综合应用过程，也是提高学生甄别能力、思辨能力、论证能力、解决问题能力、设计制作能力、合作能力、交流能力、总结能力等高阶思维的重构与发展的过程。

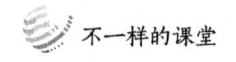

活动 7　如何设计采访问题 / 31
活动 8　户外辨别方向 / 36
活动 9　制作风车 / 41
活动 10　策划元旦联欢会 / 45
活动 11　姓氏探秘 / 50
活动 12　走近豫剧 / 55
活动 13　纸飞机飞行距离探究 / 60
活动 14　追本溯源——探寻勾股定理的验证 / 64

第三篇　经验融汇 / 71

杜威提出，教育即生长，教育即经验的改造。综合实践活动课程强调学生在活动中以已有经验解决问题，并产生新经验的获得，从而开阔学生视野、提高综合能力、丰富情感。因此，教师在活动中以一个小主题设计任务驱动、问题串、互动的体验，才能进一步实现学生的学习获得同时发生！

活动 15　走进博物馆 / 73
活动 16　香薰蜡片 / 78
活动 17　茶文化 / 83
活动 18　洛阳探秘之旅 / 88
活动 19　镜头下看世界 / 92
活动 20　舌尖上的金水 / 97

第四篇　智慧共享 / 103

雅斯贝尔斯说，教育的本质意味着，一棵树摇动另一棵树，一朵云推动另一朵云，一个灵魂唤醒另一个灵魂。学生是课堂的主人，是鲜活的个体，有思维、有思想、有主见，教师要让学生就获得的新知与技能、解决问题的方法、总结出来的经验、失败的原因等进行充分的交流、分享，产生共鸣，互促互进，提升智慧。

活动 21　小小人才交流会／105
活动 22　成立我们的小组／110
活动 23　奇妙的纸世界／115
活动 24　我的活动我评价／121
活动 25　晒晒我的档案袋／126
活动 26　我和农作物做朋友／131

第五篇　设计创新／137

夸美纽斯提出，教育的目的应是使人为来世生活做好准备，并把教育看作改造社会、建设国家的手段。基于学生的兴趣，让学生在项目设计类、活动规划类等活动中进行大胆合理地规划与设计，不断地实践、反思、改进、创新，形成新的项目式学习成果或者建构新的思维方式，是提高学生创造未来美好生活、解决问题的重要途径。

活动 27　巧用绳结／139
活动 28　版画的魅力／143
活动 29　玩转喷泉／148
活动 30　设计购物袋／152
活动 31　撒哈拉以南非洲之旅／155
活动 32　嗨玩蹴鞠／160

第六篇　灵魂绽放／167

王阳明提出"心即理"，他主张教育必须顺应儿童身心特点，使他们"趋向鼓舞""中心喜悦"，这样才能不断成长。由此，教育者要给学生一个轻松愉悦、充满好奇和挑战的探究平台，让孩子们生命的宽

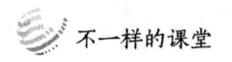

度、广度、深度得到延展和丰盈，使他们的精神世界得以"向上向善""无厌苦之患，而有自得之美"，灵魂得以绽放。

  活动33 走进开封兰考／169
  活动34 哨声响起来／173
  活动35 "画"为心声／178
  活动36 从商，我们是认真的／183
  活动37 创客项目交流会／189
  活动38 剪纸的技与艺／194
  活动39 探访大河村遗址／199

后 记／205

第一篇　思想站立

　　求知欲，好奇心——这是人永恒的，不可改变的特性。哪里没有求知欲，哪里便没有学校。

——苏霍姆林斯基

活动1 吹泡泡

【活动背景】

《综合实践活动课程实施纲要》中提出,从一年级开始实施此课程。于是郑州市金水区纬四路小学不仅保证从三年级开始有专职教师任教,而且基于一年级学生的年龄特点和身心发展规律,结合综合实践活动课程的实施理念和步骤,将一年级《科学》课中的某些主题进行整合,开发与实施了小主题探究活动。"吹泡泡"就是其中一个活动主题,该主题活动既基于学生的已知经验,又基于学生的好奇心和探究欲望和发展学生的科学探究能力。

活动在老师的指导下,以"怎样才能吹出更大的泡泡"为主要探究内容展开,让学生初步体验一个简单而又相对完整的探究过程,体验探究学习的基本方式,同时在活动中渗透学科学、用科学的生活态度,树立"探究无处不在"的思想,激发学生发现问题、解决问题的能力和乐趣。

【学情分析】

"吹泡泡"活动对于六七岁的儿童来说是非常熟悉的。虽然"吹泡泡"是他们喜闻乐见的游戏,学生具有一定的经验基础,但是从科学的角度对吹出的泡泡进行关注并提出疑问,再经历问题、进行猜测、收集证据、得到结论这样一个科学探究活动是学生首次接触的,所以学生参与探究活动的积极性非常高。

由于小学和幼儿园学习环境及要求的不同,一年级新生在课堂活

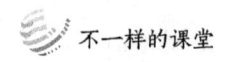

动中的任务意识与规则意识比较淡薄，他们没有科学探究学习的经历，各个方面的探究技能都很欠缺，因此教师设计的活动需要有趣味，层层深入。

【活动目标】

1. 通过本节活动课，让学生经历一个小探究活动的规范过程。

2. 学会自制泡泡水，在吹泡泡的过程中发现并提出问题，学会从不同角度进行观察和提问。

3. 聚焦"怎样吹出大泡泡"，并对答案进行猜想假设，同时设计简单的实验方案验证自己的猜测，找到"怎样吹出大泡泡"的方法，把结论分享给同伴，体验活动实践与分享成果的快乐。

【活动重点】

了解"吹泡泡"需要一定的科学方法。

【活动难点】

找到吹出大泡泡的方法。

【活动流程】

本节课共设计四个流程：①引入活动，激发兴趣；②体验活动，提出问题；③猜想假设，事实证据；④得出结论。教师准备PPT、泡泡水、塑料杯、搅拌棒（筷子）、水、吸管、洗洁精、胶水等，学生准备活动手册、塑料杯、吸管等。

一、引入活动，激发兴趣

【设计意图：激发兴趣，引入主题活动】

1. 教师播放吹泡泡镜头的视频，问学生：你吹过泡泡吗？怎么吹的？学生自由回答，探讨经验。

2. 教师设疑，问学生：有没有尝试过制作泡泡，并且能让泡泡吹的很大。学生回答，教师出示本次活动内容。

二、体验活动，提出问题

【设计意图：基于学生吹泡泡、制作泡泡的过程，进行观察，提出有关泡泡的问题，迈出探究第一步】

（一）引导激发学生动手实践

1. 教师结合课件介绍泡泡水的制作方法：将洗洁精和水添加至杯子的一半；轻轻搅拌。

2. 指导学生动手制作泡泡水，教师巡视指导。

3. 学生用自制的泡泡水吹泡泡，并对泡泡进行观察。

4. 教师根据学生经验并加以指导，归纳方法：吸管上下端要记准；吹泡泡时注意吸管要略微向下，不让泡泡水流到嘴巴里；吹气的时候力度要恰当，气息均匀，不对着同伴吹；吹出泡泡后轻轻甩出即可。

（二）提出问题

1. 引导学生观察自己吹出的泡泡有什么特点，和别人吹出的泡泡有什么不同。

2. 帮助学生梳理并提出关于泡泡的问题：

（1）为什么泡泡是彩色的？

（2）泡泡能飞多久？

（3）为什么泡泡会破？

（4）怎样吹出大泡泡？

……

3. 教师肯定学生提出的问题很有研究的价值，并提出下一步活动任务就是探究这些问题。

三、猜想假设，事实证据

【设计意图：指导学生猜测如何制作能吹出更大泡泡水的方法，并说出证明的办法，培养学生敢于大胆表达、勇于寻找证据的探究精神】

1. 教师提问。科学家在解决问题时，常常会根据观察到的现象，提出大胆的猜想，再收集证据来证实自己的猜想，从而弄清楚问题的

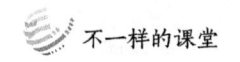

真相。对于怎样才能吹出大泡泡的问题，请同学们也大胆地进行猜想，把自己的想法告诉同伴。

2. 教师引导学生根据自己的猜测和制定的活动计划进行实践操作。注意：①从众多的猜想中选取一种进行验证；②引导学生选取往泡泡水中添加胶水的方法改变泡泡的大小；③取 2 杯同样多的泡泡水，往其中 1 杯泡泡水中加入胶水，并搅拌均匀，然后用双头吸管分别蘸取两杯泡泡水同时吹出泡泡。

3. 教师指导学生动手实践，体会、观察、思考。

四、得出结论

【设计意图：学生在教师的指导下完整地把自己的研究结论告诉同伴，锻炼表达交流能力的同时，了解探究的一般过程】

1. 教师指导学生实践观察后交流问题：同学们看到了什么；学生的猜想正确吗；还有哪些发现；在动手实践中遇到了哪些困难，学生是怎样克服的；在科学学习过程中，学生都经历了哪些环节。

①吹出大泡泡的方法：学生在实践中发现，又急又快地吹出的泡泡，要么泡泡很快破裂，要么连续吹出多个小泡泡，要气息均匀慢慢吹；②往泡泡水中多加入一些洗洁精时，泡泡吹出的相对大一些；③吸管用来吹出泡泡一端的形状也会影响泡泡的大小，同样的泡泡水，十字形端口比圆形端口吹出来的泡泡稍大；④在泡泡水中加入胶水、糖会使泡泡更大一些。

2. 教师随机板书。经历的环节：提出问题、猜想假设、事实证据、得出结论。

3. 本节课教师小结。科学探究学习一般会经历提出问题，对问题进行大胆的猜想，并制定切实可行的研究计划，找到支持自己猜想的事实证据，最终来验证自己当初的猜想是否正确这样一个完整的探究过程，在以后的活动学习中大家会经常经历这样的过程。同学们也要形成这样科学的探究方法，应用到今后的学习与生活中。

附学生记录单

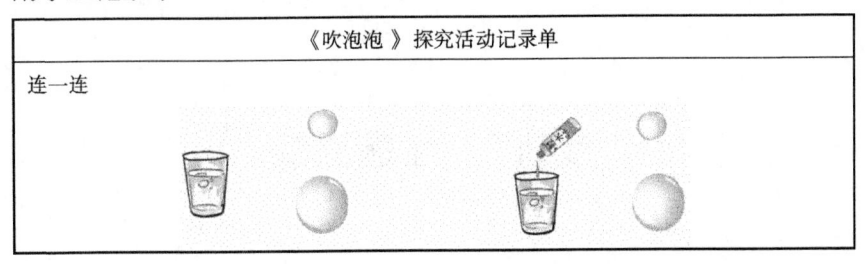

《吹泡泡》探究活动记录单
连一连

【教学反思】

本活动是一年级小学生初步体验探究活动的课堂，在设计本课时力求环节清晰，突出探究活动的一般过程，即"提出问题、猜想假设、事实证据、得出结论"。

相对于6岁多的孩子来说，吹泡泡活动简单且便于观察，也没有接受过小组合作学习的训练，因此活动由一人完成即可。在活动中使用泡泡水吹出泡泡的基础上，引导学生思考如何才能让泡泡变得更大（提出问题），从他们的口中说出可以往泡泡水里面添加其他物质（猜想假设），继而鼓励他们大胆说出自己的想法并动手去做（事实证据），最后找到事实的真相并与同伴交流（得出结论）。整个课堂注重创设探究氛围，注重思维引导。

这个活动贴近学生生活，基于学生已知经验，学生在乐学的同时还获得了知识、能力、做事态度的进一步发展。

（郑州市金水区纬四路小学　杨建伟　岳洁华）

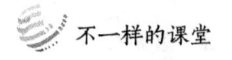

活动 2　主题分解

【活动背景】

　　洗衣液是每个家庭必备的生活品。虽然，大多数学生平时使用的机会并不多，但对于哪一种去污能力强、不同的种类有什么区别、如何进行选择等问题却有着极大的兴趣。在前期活动中，学生联系生活实际，根据自己的兴趣确定了活动主题。大主题明确了活动的大方向，但活动的具体内容还需要细化为一个个可操作的小课题。这样的话，活动才能落到实处，活动才能顺利开展。从综合实践活动的培养目标来讲，其目的不是通过某一主题活动让学生了解多少知识，而是通过综合实践活动培养学生的创新精神和实践能力，让学生学会更多解决问题的方法。因此，对大的主题进行分解，并通过筛选子课题使学生明确自己在主题活动中需要完成的主要工作，有利于学生在这一方面做深入的研究，而且还能使学生根据自己的兴趣选择自己喜欢的小组，促进小组之间团结互助精神的培养。这样，既照顾到了学生的个体差异，又使学生的能力得到最大限度的发挥，为后期的小组实践活动做好铺垫。

【学情分析】

　　通过两年的学习，五年级学生对综合实践活动课有了系统的了解，对主题分解的基本方法如分类、取舍、合并、提炼等具备了一定的能力。但在语言的陈述、提出问题的精确性等方面还有所欠缺，需要教师进一步指导，以引导学生对自己提出的问题进行筛选和整合。

【活动目标】

1. 通过围绕主课题，学生能大胆提问、合理提问，并在教师指导下学会分析问题，确定活动子主题。

2. 能在教师指导下分类、筛选、归纳出有价值的、可行性的研究子课题。

3. 通过参与主题分解活动，学生掌握了基本的生活常识，丰富了生活经验，提高了解决问题的能力，增强用科学改变生活质量的意识。

【活动重点】

学生能够基于生活经验和兴趣出发，提出值得研究的问题。

【活动难点】

基于学生的年龄特征，进一步提高学生的归纳与提炼问题能力、正确表述研究主题的能力。

【活动流程】

本节课共设计了六个流程：①交流欣赏，激趣导入；②提出问题，分组记录；③展示问题，指导筛选；④交流补充，归纳问题；⑤活动评价，畅谈收获；⑥总结回顾，布置任务。教师需要准备活动课所需要的课件，如洗衣液广告视频、洗衣液实物、问题表；学生需要准备课前调查资料，活动调查表。

一、交流欣赏，激趣导入

【设计意图：烘托课堂气氛，激发学生探究的兴趣，进一步了解洗衣液在生活中的重要性，从内心激发学生对生活的留心观察，使学生产生兴趣，推动活动问题的产生】

1. 谈话导入，出示课题："洗衣液去污能力实验"。

2. 老师提出学生交流课前调查表，谁愿意把自己的调查结果和大

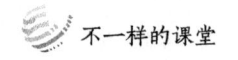

家分享一下。(学生交流)

3. 教师出示不同品牌、不同类型的洗衣液，引发思考：去污能力究竟如何？

二、提出问题，分组记录

【设计意图：培养学生提出问题的能力，使学生敢大胆提问，并对课题产生更多的了解欲望】

1. 教师出示一则关于洗衣液去污能力的广告视频，提出问题让学生思考：广告都强调了什么。

2. 师生共同通过实验来验证、探究：广告中洗衣液的去污能力是否是真的。

3. 小组做实验，教师巡视，并指导其将问题进行梳理。

4. 教师提出问题：影响洗衣液去污能力的因素有哪些。学生交流，教师及时引导评价。

5. 学生四人为小组单位，将问题和实验结果，写在小组问题卡上，并提出：注意表述要清楚、简练、让别人听得明白。

6. 组内讨论：问题的可行性？所提问题是否有解决的办法？初步进行筛选。

三、展示问题，指导筛选

【设计意图：在课堂活动中通过学生交流，教师点拨，让学生学习并掌握筛选问题的方法，并在组内讨论、进行实践，学以致用提高学习能力】

1. 小组展示问题卡，和同学们讨论问题的可行性。

2. 学生交流修改意见，教师随机指导，如：

（1）问题太大，无法研究或能力限制不能研究。(舍弃)

（2）问题太小，或无研究价值。(舍弃)

（3）有相似、相近的问题。(合并整合)

（4）问题表述不够清楚、精练。(修改)

3. 教师小结：①问题要有研究价值；②问题要难易适中，适合研究；③问题在内容上不重复；④问题的表述要清楚、精练。

4. 小组内按照以上方法筛选、整理、提炼问题。

四、交流补充，归纳问题

【设计意图：通过指导学生筛选问题的方法，使学生不仅喜欢提问，更要学会提问，学会分析问题的价值及其可行性，初步培养学生的分析能力、归纳能力】

1. 学生交流筛选出的问题，选择最感兴趣的或认为最有探究价值的问题写在卡纸上，然后贴在黑板上与全班交流，老师再次指导学生分析问题的可行性和价值。

2. 教师总结出子课题。

预设子课题如下：

（1）不同品牌洗衣液的去污能力实验。

（2）不同类型洗衣液的去污能力实验。

（3）同种洗衣液对不同水温的去污能力实验。

（4）同种洗衣液对不同材质衣物的去污能力实验。

（5）同种洗衣液对不同污渍的去污能力实验。

（6）同种洗衣液对不同洗涤方式的去污能力实验。

（7）同种洗衣液对不同用量的去污能力实验。

五、活动评价，畅谈收获

【设计意图：让学生对本节课的学习收获进行交流与汇报，在对学习情况进行梳理的同时，激发学生参与课堂的积极性】

六、总结回顾，布置任务

【设计意图：总结本课，布置下节课任务】

同学们，我们今天一起对这次活动的主课题进行了分解，确定了活动的子课题，初步感受了科学实践对于我们生活的重要性。下节课我们对感兴趣的子课题进行活动分组，请在课下想一想，我最想参与哪一主题的实验，提前为活动分组做好准备。"纸上得来终觉浅，绝知此事要躬行。"期待着通过一个个有趣的小实验让我们学到更多的知识。

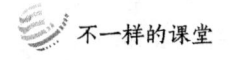

【教学反思】

在这节课堂上，我努力凸显学生的主体性，从学生身边熟悉的事物说起，从学生身上的小事说起，把生活融进课堂，以此来激发学生的兴趣。当让学生说知道有哪些洗衣液种类的时候，每个学生都眉飞色舞、情绪高涨，学生们争先恐后地诉说着自己的所见所闻，以及所了解的知识，探究的兴趣极高。而我也积极地配合他们，适时地引导、激发，突出他们的主体地位。有了学生积极地参与、强烈的探究兴趣，接下来主题的确定就水到渠成了。

从本节课我也明白，在综合实践活动课程的教学中，要开展各种活动，指导老师必须对活动相关的内容有个全面的了解。综合实践课程一个主题的探究会涉及很多方面的内容，因此这就要求老师事先必须了解、熟悉相关知识，只有这样，才能更有效地组织学生开展各种实践活动。

每一次展示都是一次历练，每一次活动都是满满的收获，我从综合实践活动课程中得到了身为人师的快乐，也找到了努力的方向！

（郑州市金水区纬五路第二小学　薛　静）

活动3　远离近视

【活动背景】

眼睛是心灵的窗户，它是感知五彩缤纷世界的窗口。但是现在小学生患近视的人数越来越多，究其成因是多方面的。如：学生每天学习时间长、压力大、接触电子产品时间长、挑食等都是导致近视的原因。现在，学校每年都要给学生进行一次健康体检，同学们通过审视这六年来的健康体检表，发现许多同学都存在视力下降的情况。于是我们决定开展一次本校学生近视率和产生近视原因的调查，寻找预防近视的措施及近视的矫正方法的综合实践活动课，以增强学生保护眼睛的意识，做到预防和减少近视的发生。

这一节是确定活动主题课，通过这节课的学习，激发学生们关注与自己密切相关的近视问题，从而确定开展研究远离近视活动主题的愿望。

【学情分析】

六年级学生已经具备了一定的实践能力，掌握了一定活动开展的方法。本节课要在活动中逐步培养学生主动探究问题的意识，能够从生活和学习中挖掘自己感兴趣的活动主题，能够和同学一起展开小组合作，在有效的活动中不断提升自己的实践与创新能力。

【活动目标】

1. 从观察自己的体检表入手，养成注意观察身边事的习惯以及实

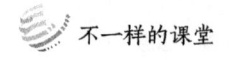

事求是的做事态度。

2. 通过小组合作完成调查表，形成初步发现问题并能对问题进行归纳、提炼的能力。

3. 通过主动参与、积极体验，培养学生乐于探究，主动提问的意识。

【活动重点】

激发学生自主提出有研究价值的问题能力和选择多样的研究方法能力。

【活动难点】

基于六年级学生学情，培养学生能够在比较短的时间内，精准地提炼出研究主题的能力。

【活动流程】

本节课共设计四个流程：①谈话激趣，激发兴趣；②开展统计，认识问题；③集思广益，确定主题；④课堂总结，拓展延伸。在实施过程中，教师课前要了解全校学生人数，同时准备一个抽奖盒，奖项设计以精神奖励为主。如：得到老师拥抱一次、邀请你喜欢的同学一起散步、请班长对你进行评价等。学生准备本班学生的《河南省中小学生健康体检表》。

一、谈话沟通，激发兴趣

【设计意图：通过抽奖的方式来激发学生积极参与课堂的兴趣，同时营造一种轻松愉快的学习氛围】

1. 教师谈话激励。教师在上课开始通过介绍幸运抽奖盒的使用规则，激发学生参与课堂的兴趣，教师会在课堂上对表现精彩的同学给予抽奖机会的奖励。

2. 学生观察照片。教师呈现温家宝总理在北京市第三十五中学听课时的照片。同学们观察这张照片，谈谈自己的发现。

3. 学生交流观察照片后的发现。

4. 教师小结：大家通过观察，发现了这个班上学生的视力出现了问题，那么我们班同学的视力情况又是怎样的呢？请大家利用手中的体检表来统计一下咱们班同学的视力情况。

二、开展统计，认识问题

【设计意图：通过统计，让学生感受到近视问题的严重性。同时让数据来说话，通过计算学生就能够认识到自己将要开展研究的问题的重要性与必要性】

1. 学生观察自己的体检表。（教师说明：据眼科医生介绍，这个年龄段同学们的视力应该在 5.0 以上，我们的视力只要有一只眼在 5.0 以下，就属于视力不达标）

2. 小组合作统计视力不达标情况。（教师说明：体检表上呈现的是学生连续几年的视力情况，这节课以最近一次体检结果为准，因为我们的视力情况会随着年龄增长呈现不断变化的趋势）

3. 同学们以组为单位，统计出全班视力不达标的人数。

4. 学生根据班级视力不达标人数比例，估算出全校学生视力不达标总人数。

5. 学生观察统计表，分享交流感受。

三、集思广益，确定主题

【设计意图：通过小组合作的方式进行思想上的交流与碰撞，确定一个组内觉得恰当的活动主题，并确定本次活动题目】

同学们通过观察、统计视力达标统计表，意识到研究视力的重要性，从而确定远离近视的活动主题。同学们再通过商议，为本次活动命名。

四、课堂总结，拓展延伸

【设计意图：综合实践活动本身就是一个发现问题、解决问题的过程，同学们在解决了一个问题之后，老师要激发他们继续探究的欲望】

通过本节课的学习，我们从生活中发现了研究的问题，认识到研究视力问题的重要性，确定了远离近视的活动主题。课后请同学们思

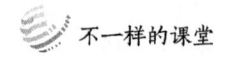

考，关于近视问题，你想从哪些方面开展研究。

【教学反思】

　　好的开头是成功的一半。确定一个好的主题是事关综合实践课程能否顺利开展的大事。这节课结合学生的生活经历创设了一系列的情景：出示温家宝总理人校听课的照片—让学生观察发现问题—统计班内学生视力的情况—算出视力不达标的比例—计算全校视力不达标的学生数—交流感受，确定主题，提出问题。由于有了层层深入的引导，学生感兴趣的问题自然而然就产生了。

　　评价是开展综合实践活动的重要一环，能够全面了解学生的学习状况，激励学生学习的热情，促进学生的全面发展。一上课老师就介绍抽奖盒："大家请看，老师手里这个漂亮的盒子是个幸运盒，今天你们在课堂上如果有精彩的表现，将会有一次抽奖的机会。"教师通过抽奖的方式来激发学生积极参与课堂的兴趣，同时营造一种轻松愉快的学习氛围。整个课堂，老师充满了正面的、积极向上的评价，学生也受到感染，很快也会积极地、中肯地评价自己的同伴。课堂上一位同学计算得又快又准，被大家一致称赞为"神算手"，老师就奖励他抽奖一次，抽到了"请班长对你进行评价"的奖励。一次即兴评价，对学生是一种崭新的挑战。班长在老师和同学期待的目光中站在了讲台上，在老师的点拨下这位同学进行了非常中肯的评价，得到大家热烈的掌声。巧妙地评价，使教育润物细无声，也是教育的智慧。

（郑州市金水区丰庆路小学　王金萍）

活动 4　看看谁的问题多

【活动背景】

"问题意识"是三年级综合实践活动课程的教学重点，也是教学难点。它包括发现问题、提出问题、问题转化为研究主题的三个层次。在这三个层次中，发现问题、提出问题是基础。很多同学不会提问题，不知要从哪些方面提问，没有提问的思路；有些问题过于简单，不具备研究价值；有些问题没有经过深入思考辨析，提出的问题仅仅是一个假象；还有些问题太大、太空，结合现有的知识水平和研究能力，根本无法开展研究。类似这样的问答式问题、假大空问题，在课堂上屡屡出现，究其原因是学生在此之前没有接触过提问的指导与训练。这种提问能力的缺失甚至在一些成人的研究论文中也经常出现。因此，上好综合实践活动课，对三年级"问题意识"能力的培养就显得非常重要。"问题意识"是课程持续开展的保证，也是确保研究实践活动的过程和结果有价值、可操作、能持久的关键。

【学情分析】

三年级学生具备了一定的学习基础和能力，具有良好的语言表达、思考及一定的分析推理能力。对综合实践活动课有非常高的热情，有主动研究的兴趣，愿意与同伴合作完成活动，也能够公平地评价他人。同时，他们对事物充满了好奇心，动手实践操作欲望强。本节课是三年级起始阶段的第一节问题能力启发课。重点是引导学生在自主讨论中，能够从多角度、多途径观察事物，运用联想、对比、猜测、追问

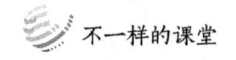

等方式提出自己的问题，为自己获取有价值的问题提供帮助，也为后续的实践活动提供保证。

【活动目标】

1. 引导学生勤于观察生活，善于发现问题。
2. 掌握提问方法，学会多角度、多途径提问。
3. 能够用"为什么"准确、清楚地表述问题。

【活动重点】

学生能够根据情景，基于经验，提出大量的问题。

【活动难点】

学生能够用规范的语言表述问题。

【活动流程】

本节课共设计五个流程：①游戏导入；②方法指导；③合作探究；④拓展延伸；⑤成果展示。教师需要准备一个装有苹果的封闭小箱子，若干个品种、颜色不同的苹果，30张问题搜集卡，PPT，我的十万个为什么问题封面。

一、游戏导入

【设计意图：以"问题猜猜看"游戏作为导入，激发学生提问的热情，初步尝试问题的准确表达。教师引导学生从你摸到了什么、猜测是什么、问题是什么三方面入手，结合自身生活经验，抓住关键词，清晰简洁陈述问题。通过你问我答互动导入设计，让学生直观感受好问题的重要性和意义】

1. 教师将一个苹果放在封闭纸箱中，请一名同学盲摸，用"是或否"回答其他同学提出的问题。
2. 其他同学通过向盲摸同学提问的方式，结合自身生活经验进行猜测。比一比，看哪位同学提的问题能一下猜出答案。

二、方法指导

（一）看一看，提问题

【设计意图：教师引导学生运用身体各种感官围绕形状、颜色、味道等方面观察苹果，提出自己的问题。训练学生围绕一个主题提问的技能。一个有价值的好问题，一定要充分调动各种感官细致观察，不要让自己的思维受到局限】

1. 教师将苹果作为奖励，分发给在导入环节提问优秀的小组。

2. 教师将各种颜色、品种不同的苹果摆放在各小组内。组内学生运用尝一尝、闻一闻、切一切的方式细致观察苹果，调动各种感官提出自己的问题。引导学生从你看到了什么、你发现了什么、你的问题是什么，练习有针对性的提问。教师随机搜集问题卡，对个别问题进行纠正。

（二）想一想，提问题

【设计意图：帮助学生掌握联想提问的方法。通过苹果工艺品、苹果美食、苹果家居用品等图片开阔学生的思维，打破学生固化思维，发散学生的想象，逐步训练学生结合生活经验，在已有知识储备的基础上提出问题】

1. 小组内展示各种苹果美食、苹果工艺品相关图片，开阔学生思路和眼界，引导学生运用联想的方法，联系生活提出问题。

2. 小组讨论交流提出的问题，教师随机搜集问题卡并指导。

三、合作探究

【设计意图：本环节尝试采取小组讨论的形式，自学对比提问法，并尝试运用对比法提问。引导学生经历一个深度思考的提问过程。对比提问法是学生深入探究的核心技能，也是本节课的活动重难点，因此预留更多的时间给学生充分交流】

1. 小组内学生对比图片，发现不同之处，提出问题。

2. 小组交流汇报，比一比哪个小组提出的问题多。

预设1：学生能够看明白苹果包装的不同，并根据这些不同的包装

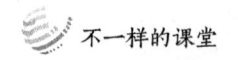

进行提问。

　　解决策略：教师引导学生将自己的问题记录在问题卡上。

　　预设2：学生没有看明白图上的内容，并未发现包装不同，不能提出问题。

　　解决策略：教师引导学生仔细观察图片，说出他们发现了什么；根据这些发现，学生的问题是什么？

　　预设3：学生不知道三种苹果包装的区别，没有生活经验，不能提出有价值的问题。

　　解决策略：教师拿出不同包装的三种苹果实物（一种纸、一种网、一种塑料袋），引导学生比较发现不同，说一说，这些不同材质的作用是什么，进行猜想假设，提出自己的问题。

四、拓展延伸

【设计意图：通过《牛顿和苹果》的故事，交流自己搜集到的科学家、发明家的故事，引导学生感受一个好问题的意义和价值。鼓励学生积极思考，善于从大自然中、生活中发现问题，提出问题，让好问题改变自己的生活】

1. 学生观看动画片《牛顿和苹果》，以牛顿的视角发现关于苹果的问题，感受问题的价值和意义。

2. 分享观后感，从故事中你学到了什么，有什么感受。教师引导学生以小组分享的形式，让每位学生畅谈感受。

3. 交流课前搜集的科学家提问促进发明的小故事，交流听后体会。

五、成果展示

【设计意图：通过教师现场装订"问题卡"，让学生感受成功，体会快乐。引导学生树立自信，相信自己通过认真观察，深入思考能够提出许许多多有价值的好问题。明确人类社会发展就是在不断提出问题、解决问题中进步的，强调提问的价值和意义】

1. 各小组统计本节课提问数量，整理小组问题卡。

2. 各小组汇报问题数量和最佳问题，全班评选最佳问题小组。

3. 教师现场装订班级问题册向全班展示。建议学生自制属于自己的问题册,将平时发现的问题及时记录下来。

【教学反思】

本节课从游戏导入、方法指导、合作探究、拓展延伸、成果展示五个环节进行设计,以掌握提问的方法和技巧为重点,采用合作探究、小组交流、自学互助的方式,帮助学生由浅入深、由易到难地掌握提问技巧。活动中问题卡、问题册的使用贯穿整节课,让学生感受到提问的乐趣与价值,收获成功,树立自信。

整节课学生都是结合已有生活经验和自身已有知识储备进行的提问。活动开始,教师设计了游戏导入环节,充分调动了学生的学习积极性。在一问一答的互动活动中,学生真切地感受到准确表达问题、抓住关键提问的重要性。在对提问方法的指导上,教师指导学生运用观察、联想、对比等方法科学提问。引导学生打破固化思维,发散想象的方式,将苹果这个概念延伸到工艺品、家居用品、学习用具、品牌名称等各个领域,培养学生大胆想象,勇于创新的意识。学生思维得到了释放,苹果的运输、苹果的嫁接等,问题随之而来。在拓展延伸环节,播放动画片《牛顿与苹果》,提升了学生对问题的认识。本节课教学环节设计较为合理,圆满地完成了教学任务。

(金水区南阳路第二小学　孔　珂)

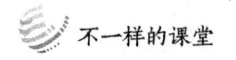

活动 5　好玩的整理术

【活动背景】

整理几乎遍及日常生活的方方面面，随着"断舍离"整理理念的流行，学生希望通过学习使用整理术，使自己的生活更舒适、更方便。另外，学生在数学、科学学科中，学习过有关整理的知识。因此我们确定了"好玩的整理术"这一项目主题，并进行了为期3个月的短期项目式学习，旨在通过融合项目与核心学科的内容，增强学生的实践创新能力，提高学生解决问题和合作交流能力，发展实践课程优势，在实践体验中收获真知。

本节课是"好玩的整理术"项目执行阶段的一节实践体验课。重点是引导学生在实践中体验，结合数学、科学学科中学到的整理知识，以及日常生活中的整理经验，借助同伴、教师等帮助解决物品杂乱的整理问题，掌握好玩又实用的整理方法，为后续的活动实践与成果展示奠定基础。

【学情分析】

三年级学生已经具备一定的整理能力，有着真实的整理经验。一部分学生喜欢整理，并有定期整理的习惯。因此，项目执行阶段，通过小组合作探究整理抽屉的活动，结合生活中的整理经验，以及学生在数学、科学学科中学到的整理知识，借助头脑风暴等交流方法，激发学生的创意发散思维，发展学生的空间思维能力，鼓励学生交流好玩的整理方法，提高学生动手实践的能力，培养良好的整理习惯。

【活动目标】

1. 通过谈话交流，了解整理的好处，知道生活需要优化。

2. 通过动手实践、分享方法，学会使用整理方法，形成一种生活方式和习惯。

3. 通过运用方法、借助工具，能够学以致用，提高学生多种思维的整理方法。

【活动重点】

培养学生具有整理空间的意识，形成一种生活方式和态度。

【活动难点】

学生能够学以致用，具有多样的空间整理的思维方式。

【活动流程】

本节课共设计四个流程：①图片导入，了解整理；②归纳总结，整理方法；③实践体验，验收成果；④教师总结。教师课前准备PPT、抽屉，学生准备抽屉内常用的物品。

一、图片导入，了解整理

【设计意图：开门见山，通过图片导入课题，学生能够直接了解到与主题相关的信息，激发学生的学习兴趣】

1. 教师出示整洁的抽屉图片，学生通过观看图片，了解整理的相关信息。

2. 教师引出问题：知道了整理的好处，面对杂乱的抽屉我们该怎么整理呢？

二、归纳总结，整理方法

【设计意图：学生自由动手整理抽屉，让学生的思维空间自由发散】

1. 教师出示活动要求，各小组利用5分钟时间，先观察抽屉里有哪些物品，然后小组合作，将抽屉里的物品整理得方便、整洁、美观。

学生边整理边思考：用到了哪些整理的方法。

2. 教师巡视并指导，教师到各组指导小组整理抽屉里的物品。先商量整理计划；再指导学生动手整理抽屉；小组遇到困难时，教师进行有针对性的指导并当即提出可行性改进建议。

3. 学生分享交流，各小组分享整理方法，教师借机总结并板书。

三、实践体验，验收成果

【设计意图：学生通过小组合作，并在教师的指导下，使用学到的方法优化整理成果】

1. 教师出示，优化整理活动要求：①运用学到的整理方法；②利用收纳工具。

2. 验收整理成果。教师投影不同小组的整理效果图，学生进行比较，评价。

四、教师总结

【设计意图：教师总结，引导学生明确活动中的所知所学】

教师小结：今天这节课，我们学到了这么多好玩又实用的整理方法，生活中要多留心、多观察、多探究、多学习，让生活更方便、更舒适。

【教学反思】

综合实践活动课是学生都很喜欢的一门课程，学生可以在一起合作探究，发现问题、提出问题和解决问题。本次活动主题选用"好玩的整理术"为切入点，与学生的生活息息相关，充分调动学生参与课堂的积极性与主动性，拉近学生与课堂之间的距离。使学生充分利用课堂时间，学习到整理物品的基本方法。

本次活动课的亮点是在实践体验环节，教师有意识地组织小组合作，探究整理方法，使得学生从实践中收获实用的整理方法。值得反思的是教师要通过设计并使用有效的过渡语、评价语，使环节更紧凑，过渡更自然，使学生开拓思维，分享更多整理方法，最终体现综合实践活动课程内容选择与组织中自主性和开放性两大原则。

（郑州龙门实验学校小学部　王　塬）

活动 6　了不起的中医药

【活动背景】

2019年10月25日,中共中央总书记、国家主席、中央军委主席习近平对中医药工作作出中重要指示,指出中医药学包含了中华民族几千年的健康养生理念及其实践经验,是中华文明的瑰宝,凝聚着中国人民和中华民族的博大智慧。

郑州市金水区经三路小学附近有河南省中医二附院,有些家长是这里的医生。于是我校结合社区资源、家长资源、学校已种植的植物、教师的兴趣、学生的求知欲,开发了"了不起的中药"这一课程。意在让孩子们从小了解中医、中药,走进中药基地认识常见的中药以及其特点和药用价值,学会基本的健康常识,做一名热爱生命和中医文化的小小传承人。

【学情分析】

人们对中药的认识不断加强,但是二年级的孩子在生命成长过程中大多没有接触过中药,所以会导致孩子对中药认识的片面性。二年级的学生具有一定的阅读能力,也有观察事物和发散性提出问题的能力,他们对环境变化具有敏锐的感知力,但观察的有序性,提出有效问题的能力需要得到进一步提高与引导。

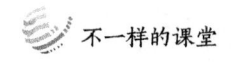

【活动目标】

知识与技能：

1. 通过观察校园植物的变化，使学生了解荷花、凤仙花在不同季节的生长变化。

2. 通过采访医生，观察凤仙花、荷花，认识它们的特点，初步了解凤仙花、荷叶和莲子的药性，明白植物的药性。

3. 结合生活中常见的中草药用途，了解常见的中草药的药性及使用方法，如凤仙花可以治疗灰指甲，荷叶可以减肥等。

过程与方法：

1. 通过谈话引导学生观察校园植物的变化，学习按顺序细致观察植物的方法。

2. 通过观察校园中的凤仙花、荷花，使学生能对感兴趣的话题提出问题，引导学生及时思考、探讨有价值的问题。

情感、态度、价值观：

通过探讨身边的中草药，激发学生探究中医药的兴趣。

【活动重点】

培养学生的观察能力、提出问题的能力。

【活动难点】

提高学生实践的能力和解决问题的能力。

【活动流程】

本节课共设计了四个流程：①发现校园新变化；②观察校园中草药；③聊生活中的中草药；④交流思考，确定主题。教师需要提前观察了解校园中的植物，特别是中草药，还要提前邀请相关专家。

一、发现校园新变化

【设计意图：用学生身边的事物打开学生的话题，从而使学生愉快

参加游园观察】

教师通过谈话的形式让学生说一说校园的新变化,激发学生观察校园植物的兴趣。教师注重指导如何进行有序观察,同时进行观察路线的规划。

二、观察校园中草药

【设计意图:生活即教育,学生在观察的过程中提出问题,通过多种途径解答问题,既锻炼了学生寻求答案、解决问题的能力,又丰富了学生对植物的认识,了解了有关植物的药性,激发学生探究事物的兴趣】

1. 师生在学校里观察感兴趣的植物。

带领学生在校园内游园,发现校园中种植的中草药。

2. 引导学生按顺序细致观察其中一种中草药,获得观察植物的方法。

学生在游园中观察并交流从而提出问题。面对问题首先由学生结合生活经验回答或推测,随后引导学生寻找解决问题的途径,比如:问教师、借助手机搜索软件、请教身边的专家、寻访设计者等方式寻找答案。

3. 观察和交流凤仙花、荷叶,了解植物所具有的药性和在生活中的用处。

三、聊生活中的中草药

【设计意图:由校园种植的中草药植物,联想到一些植物治疗疾病的生活案例,开拓学生的思维,使学生明白中药就在我们身边,中药不仅是苦口的药剂,还以许多神奇的方式渗透在我们的生活中】

1. 通过上一环节的查资料,学生了解到荷叶和凤仙花的药用价值,教师引导学生对"中医是怎么使用草药的,如何入药"进行思考,结合经验说一说。如凤仙花可以包在指甲上使指甲变红,既美观又可以治疗疾病;莲子可以做莲子粥,用来败火等。

2. 学生交流所了解的其他中药和它们的作用。

四、交流思考,确定主题

【设计意图:引导学生合并问题,根据自身实际和学校情况,确定

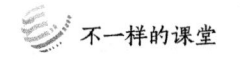

大家感兴趣的子课题】

1. 学生通过上述环节了解了中医药在生活中的各种用法，激学生兴趣，随机确定"了不起的中药"这一主题活动。

2. 围绕"中医药了不起的地方在哪里呢?"让学生讨论确定活动的子课题。

3. 记录学生提出的研究内容，通过探讨研究的有效性进行合理的删减，对有效的研究内容进行归类整理，提炼归纳子主题。如：人们怎样发现草药的、中草药使用方式有哪些、食物中的中草药有哪些、关于中草药的故事等。

【教学反思】

二年级学生对身边的事物好奇但尚不具备追根溯源的能力。通过游园让孩子们在讨论和聊天中发现问题、提出问题，教师引导学生面对问题要解决，让学生思考解决问题的途径，并付诸实践，体验知识获取中的乐趣，找到解决问题的方法，从而实现"以学习为中心"的学习方式的转变。

结合中草药的特点，我们发现身边很多熟悉的植物都可成为入药的药材，只是平时不知道，稍加留意，我们就会发现中药在日常的生活中随处可见：荷叶、凤仙花（指甲草）、红枣、绿豆、姜……恰当的引导让学生更好地感受到学习即生活，带着问题去学习，初步形成基于项目的学习意识。

综合实践活动课程，是师生共同成长的课程。教师和孩子们一起行走在认识中医药的探究之路上。因此，在"玩中学""学中玩"，通过观察、采访、实地考察、交流等进行探究，才是维持学习兴趣与研究兴趣的重要学习方式。

(郑州市金水区经三路小学　焦福梅　李　茹)

第二篇　思维发展

学习任何知识的最佳途径是由自己去发现,因为这种发现理解最深、也最容易掌握其中的规律、性质和联系。

——波莉亚

活动7　如何设计采访问题

【活动背景】

郑州市金水区纬三路小学是国家级乒乓球传统体育项目学校，从一年级就开设乒乓球技能课，学生入校就接触到乒乓球。于是，学校结合教育哲学、学校文化、社会资源、师生兴趣，确定了"活力乒乓"这一课程。

当学生在参观校球训练馆时，看到一面面锦旗、一座座奖杯，崇敬之情油然而起。在交流观后的收获与感受时，他们迫不及待地想认识在这里训练的小队员，了解他们的成长经历。于是"学会采访"这节方法指导课就诞生了。

【学情分析】

学生们对那些夺得省、市级比赛的乒乓小明星们虽有认识，但却不了解他们成长背后的故事，这才有了"乒乓小明星专访"的环节，本节课重点在于指导三年级学生如何设计采访问题，设计怎样的采访问题才能更加贴近自己的采访对象，采访的问题如何排序，才能更有助于采访的成功等。

【活动目标】

1. 掌握采访问题的设计技巧，围绕目的巧妙设计；思路清晰具体明了；讲究层次，有条不紊。

2. 让学生经历自主设计采访问题、模拟现场采访过程，学会设计

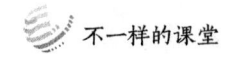

采访问题。

3. 让学生分享与同伴合作、交流的乐趣，增强团队意识。

【活动重点】

指导每个小记者站围绕采访目的设计完成本组的采访活动。

【活动难点】

学生能够根据研究的主题设计合理的、科学的、有价值的采访问题。

【活动流程】

本节课共设计了六个流程：①明确评价要求，督促学生自主活动；②交流课前任务，发现本组问题所在；③提供典型范例，探讨问题设计技巧；④小组有效合作，讨论修改采访问题；⑤模拟现场采访，促进学生深度体验；⑥及时反馈总结，延伸课后活动内容。实施前教师需要准备教学 PPT，学生需要准备 A4 纸一张。

一、明确评价要求，督促学生自主活动

【设计意图：结合学生年龄特点协助学生角色带入，先把整节课的评价内容明确告知，这样有助于学生明确学习目标，使学生感受到成功的快乐，激发更多孩子发言的积极性】

1. 教师引导学生观察课堂评价表格，并出示四种奖章，激励学生积极表现，勇夺奖章。

2. 学生根据上节课的交流，回忆正式采访前都应该做好哪些准备。

（1）学生交流。

（2）教师出示一份完整的采访提纲，学生进行交流。

（3）根据学生交流，教师明确：采访问题围绕目的设计。

3. 教师小结，出示本节课主题。

二、交流课前任务，发现本组问题所在

【设计意图：小组之间进行问题的交流，更有助于同伴间的互助，

增进小组之间的学习，帮助学生加强团队之间的合作】

1. 教师引导学生分享课前设计的采访问题。

预设一：学生只关注问题的句子是否通顺，应提示问题是否贴近"乒乓小将"的成长经历，是否关注问题的排序。

预设二：学生清楚问题的排序，却忽略问题的"前缀"用于修饰，应多注意提问时的礼节及语言表述上的亲切。

解决策略：

预设一，提示学生事前通过同学或老师了解"乒乓小将"的相关资料。

预设二，帮助学生明白有价值的问题是需要准确表述的，这样才能让受访者更容易接受。

2. 教师引导，学生互评，肯定优点，并指出不足。

三、提供典型范例，探讨问题设计技巧

【设计意图："典型范例"有助学生有意识的学习，让学生更能体会到一份精心设计的采访问题，会让自己的采访事半功倍。同时也更有助于学生总结并提炼设计问题的一些小技巧】

1. 教师出示采访易建联时的采访问题范例，引导学生分析问题的可答性。

2. 教师根据学生交流，随机板书：

（1）围绕目的巧妙设计。

（2）问题描述具体明了。

（3）态度大方真诚亲切。

（4）讲究层次有条不紊。

3. 教师指导学生思考在采访前应从哪些方面了解我校的乒乓小名人。

预设一：从乒乓小名人平时的训练中了解他们的成长经历。

预设二：从乒乓小名人参加比赛的心路历程来了解他们内心的成长。

解决策略：

预设一，这样的采访帮助本组了解到的是乒乓小将的哪些特质，

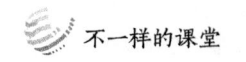

为采访后记及播报做准备。

预设二，要弄清楚乒乓小将自我的成长，为采访后记及播报做准备。

四、小组有效合作，讨论修改采访问题

【设计意图：此环节的设计先是小组讨论并逐一修改，小组间相互修改，这样的设计符合学生的学习发展规律，贴近学生的学习需求，有利于学生的团队合作，更加强了小组内部的"共学"，引发内部合作意识】

1. 教师出示活动要求：
   （1）活动由组长负责与协调。
   （2）组内人人都要表达自己的观点。
   （3）每个小组设计的采访问题不少于5个。
2. 学生集体评议采访问题。
3. 教师出示具体的采访目的，组内讨论修改完善采访问题。
4. 小组间互评修订采访问题。

五、模拟现场采访，促进学生深度体验

【设计意图：此环节的设计是为了了解学生在实际采访中可能出现的问题，同时也是帮助学生顺利进行采访的关键环节】

1. 组内尝试模拟采访互相评价。
2. 全班进行模拟采访，教师出示评价标准。
3. 学生点评，教师给予肯定或点拨。

六、及时反馈总结，延伸课后活动内容

【设计意图：这样的评价安排，更有利于学生活动小组内部的自我管理，帮助学生在活动中学会对小组活动的责任，肩负起自己小组的任务，同时也是对组长这一核心人物组织能力的锻炼与培养的机会】

1. 组长对本组的表现进行总结性评价。
2. 指导教师进行评价总结，统计各个小组获得奖章的情况。
3. 学生完善采访提纲，按照预约时间进行。
4. 教师提出课下制作本记者站的"人物专访"栏目秀。

【教学反思】

通过这节课，我最大的感受是把学生摆在了"记者"这个位置上，始终让学生在课堂上以"体验者"来设计本组的采访问题。看到学生全身心投入的场面，我非常欣赏学生的"工作状态"。

综合实践活动课特色在于主导权在学生。看到学生在倾听中能够发现别组设计的问题有不好之处及时修改，这种工作效率还是令我满意的。我没有急于做出更多的评价，而是给学生更多地发挥空间，让学生在课堂上完成教学目标，这是学生在主导地位活动中最好的表现，让学生感受到"我的活动我做主"，而指导老师是他们最热心的帮助者、支持者。一上课，我就把我们的评价奖励给学生列出来。看到学生在课堂上的真实表现，我认为这样的评价方法很有效。只有坚持相应的评价要求，学生的活动才有标准、显秩序、能投入、深体验。

作为综合实践活动课程的指导教师，越来越真切地感受到综合实践活动的课堂：要引导学生成为问题的发现者、问题的实践者、问题的解决者，在探究、体验的过程中培养学生的创造力，提升学生的综合素养。

（郑州市金水区纬三路小学　张丽红）

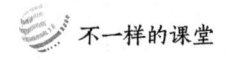

活动8　户外辨别方向

【活动背景】

七年级地理课程涉及很多方向判定的内容。在老师的讲解和指导下学生逐步地掌握在图上识别方向的方法。经过调查，学生不能在户外正确、顺利的辨别方向。学生一旦离开了自己生活的社区，很容易迷失方向。在此背景下设计一节学生如何在户外定向的实践探究课显得尤为必要。

"户外辨别方向"实践课，将实践探究场景放在校园，通过具体的观察、总结、分析、验证等活动等帮助学生掌握户外定向的一般方法，提升学生生存技能。

【学情分析】

现在城市的学生缺乏室外活动实践的机会，也缺乏在野外观察生活中的现象，寻找现象之间的联系。本次活动重在带领学生走出教室，通过实地操作指导他们在户外辨别方向，提高学生讲书本知识应用到实践的能力，辨别方向的能力。

【活动目标】

1. 通过师生探究，掌握户外"主方向"以确定方向方法。

2. 通过分享资料、师生讨论，让学生熟练校园定向的一般步骤和方法。

3. 通过交流与分享，归纳图户外定向的一般步骤的方法，并熟练掌握在户外如何迅速准确定向的技能。

【活动重点】

通过不同的真实情境中探究得出定向的方法。

【活动难点】

学生能从生活实际需要出发，掌握户外定向技能。

【活动流程】

本节课共设计四个活动流程：①问题导入，介绍活动流程；②依据问题、根据流程开展探究；③归纳小结，梳理户外定向技能；④总结回顾，形成新的探究。教师需要准备活动课所需要的文本素材、带指针的手表、指南针、观察表等。学生需要准备课户外定向资料，活动调查表、自评互评材料等。

一、问题导入，介绍活动流程

【设计意图：从已有需求出发引出校园内定向的探究问题，激发学生观察生活现象、从真实情境问题引出探究问题】

1. 教师引发思考：同学们已经在学校生活了一段时间了，是否能够准确在校园内进行定向、是否知道校园内不同建筑物之间的相对方向。

2. 学生自由交流，教师随机提出本节课活动目的及流程。

3. 教师小结：让学生回答，教师点评，说出本节课的活动目的以及活动流程。

4. 教师出示活动流程：

（1）首先寻找主方向。根据主方向进行定向。

（2）观察校园地理事物定向。观察校园的树木、苔藓、地衣的等事物，解读"大自然的语言"确定方向。

（3）利用带指针的钟表来迅速确方向。

（4）讨论归纳户外定向方法，掌握不同问题情境下野外定向的步骤和方法。

5. 学生根据提示进行质疑，交流不明白的地方。

二、依据问题、根据流程开展探究

【设计意图：给予学生不同情境，让学生进行不同探究，解决问题，培养学生提出问题、大胆提问、顺利讲解与积极验证展示的能力】

1. 活动一："寻找"北"，进行校园定向方法和演练

（1）教师提出：怎么找到校园的"北"。

（2）小组讨论，交流，生生评价可行性。

（3）教师启发：如果我们以校园餐厅前的那棵"栾树"为主地标，怎么才能辨别方向呢?

（4）学生根据小学学习的知识进行交流，教师小结：可以从树冠形态、树皮的粗细、树的倾斜方向，确定方向。

（5）学生实地观察，交流发现，确定科学正确的方法。

（6）教师小结：只有在空旷独立的树木才会呈现树冠向南突出的特点。因此我们想用树冠定向，一定要找那个开阔平台独立的树木。

2. 活动二：背阴"向"，利用苔藓地衣确定方向

（1）学生利用活动流程进行自主探究，教师巡视，询问，点拨，关注学生的探究活动。

（2）学生交流，探究的结论，教师给予肯定和启发。

3. 活动三：利用手表定向探究

（1）刚才，我们的定向只能用模糊定向。现在我们尝试一下精准的定向方法。

（2）哪些同学有过用手表进行定向的体验，和我们分享一下做法和经验。

（3）学生交流，教师补充。

（4）小组进行手表定向的探究与体验。

（5）小组分享，生生补充，教师及时给予点评。

（6）教师小结方法和注意事项。

4. 活动四：学生梳理思维导图

小组梳理校园定向的方法并绘制成思维导图，并进行展示讲解。

5. 活动五：活动评价

学生对本节课的探究活动进行自评、互评、交流，教师给予鼓励和肯定。

三、归纳小结，梳理户外定向技能

【设计意图：在课堂活动中通过生生交流，教师点拨，让学生学习并掌握户外定向的一般方法，提高学以致用的能力，增强户外生存能力】

教师和学生一起归纳定向的多种方法：

1. 用机械手表定向。
2. 利用北极星定向。
3. 利用指南针定向。
4. 利用景物辨别方向（对北半球而言）
5. 冬季可以观察地面积雪定方向
6. 其他方法：大树的树冠、树皮、树皮裂纹等

四、总结回顾，形成新的探究

【设计意图：总结本节课学习过程与结果，进一步深化学习的知识与技能，感悟真实的体验】

同学们，今天大家研究了在户外如何利用常识、参照物、定向工具进行定向，并顺利完成了一步步的探究活动，获得了多种定向的方案和真实体验，正所谓"纸上得来终觉浅，绝知此事要躬行"。相信在以后的生活中，同学们不会"迷失自己"，能够准确找到自己所在的方位。

课后希望大家继续开展如何运用手机 App 软件确定野外某点的位置、两点的方向，各小组织设计探究和展示方案，下节课我们继续探究户外定向与交流。

【教学反思】

当今城市的孩子缺乏与大自然接触的机会，缺乏利用工具如指南针、手表户外定向的基本使用经验和方法。学生的学习更多是文本学习，本节课通过讲解、质疑、验证、总结等环节让学生在户外进行真

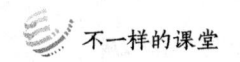

实地体验，学生轻松愉悦地了解了户外定向的原理、方法、步骤和注意事项。

"户外定向"是一个很小的探究课题，它却可以让学生将所学的知识进行系统的整合提炼、考查学生搜集文本、设计实验、语言表达、现场展示等综合能力，有利于提高学生的科学探究的意识、增强学生团队合作意识，发展学生的综合思维和实践能力。

今后我们要想办法设计更多学生到户外去调查、观察、实验活动以更利于提高学生的科学探究的意识，将知识融会贯通，应用到生活中去，为生活和学习服务。

（河南省实验中学　王喜峰　柴红森）

活动 9　制作风车

【活动背景】

风车节是郑州市金水区柳林镇第八小学的特色项目，本着综合实践活动与校情相结合，与学生生活实际相结合，实现创意物化的目标。我将本学期开展的"风车"活动主题与河南省综合实践资源包中的"拆拼"课题融合进行了拓展设计，以拆—拼—创来制作创意风车作品，不仅让学生在探究、思考、制作的小组活动场景中掌握基本的动手技能，而且在争夺"风车王"的情境中大大激发了学生的参与热情，提高了学生的创意设计能力，从而让"拆与拼"活动焕发出新的活力。

【学情分析】

1. 学生的现有基础：四年级学生好奇、爱动、爱钻研、肯动手，也具有儿童天马行空的奇思妙想，在设计创作上也有自己的独特想法，并具备了一定的观察、实践能力。

2. 本节课需要提升的能力：四年级学生在动手制作能力和学科知识含量方面都显得比较欠缺，需要进一步提高，在将想法变成作品，体验到快乐。

【学习目标】

1. 通过反复拼拆，了解风车构造、制作，掌握拼拆风车的基本方法。

2. 通过小组合作，发挥个人想象力，在相互探究中启迪思维，进行创意风车的设计，提高设计能力、审美能力、创新能力。

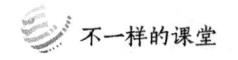

3. 通过拼、拆、创，提高小组合作探究能力，体验创造的乐趣。

【活动重点】

学生能够通过拆拼风车掌握制作风车的基本方法。

【活动难点】

学生能够发散思维，对风车进行创意设计与制作。

【活动流程】

本节课共设计五个流程：①活动回顾，情境导入；②小组合作，探究方法；③学以致用，创意制作；④分享展示，评价交流；⑤总结交流，拓展延伸。教师需要准备活动所需的PPT、学具筐；学生需要准备好废旧的物品及相关材料。

一、活动回顾，情境导入

【设计意图：回顾活动，了解综合实践活动的连续性；基于学生的特点创设情境引出课题，让学生有"啊！"这样的惊讶声来激发学生内在动力，还需要一定的挑战性来指引学生持续思考、自我探究】

让学生回顾前期实践活动，出示贴近学生生活的"风车召集令"海报为导入，来激发学生的活动兴趣，激起学生探究拆与拼的欲望，引出课题。

二、小组合作，探究方法

【设计意图：综合实践活动中强调的是"做"和"学"的不可分割。观察是了解风车结构的基础，小组合作拆风车了解风车的构造，在还原风车的基础上感知风车的基本制作方法，同时渗透安全意识、团队意识，有助于学生更好地开展研究】

1. 拆风车。学生观察了解风车结构，通过小组拆风车了解风车的构造。

2. 拼风车（还原风车）。在小组合作还原风车的过程中，交流明确风车制作的基本方法。

3. 小组讨论，交流分享。师生共同梳理出风车的基本构造及风车的基本制作方法。

三、学以致用，创意制作

【设计意图：不同学生有不同的想法，通过师生互动启发学生的创造性，通过基本制作进行创意创作】

1. 通过全班交流、小组交流，启发学生如何让风车变得更有独特性。

2. 小组合作将组内的智慧、优势发挥出来，设计、制作出一个独特的风车，并赋予风车一个贴切的名字。

活动中要强调学生的规则意识，引导合作共同体共同创意策划，引导学生共同体对活动方案、预期设计进行规划，教师要提供方案表类似的任务单，让学生逐步学会制定计划、提高规划能力，能从规划活动走向规划人生，为未来发展奠定基础。

四、分享展示，评价交流

【设计意图：在评价作品的创意性时，让风车的制作标准进一步深入学生的心中，提高审美性、创造性，同时还要关注学生的参与性，让学生在交流分享中学会倾听、申辩、表达、包容、欣赏】

1. 分享交流各自小组风车的独特性与创造性，填写各自小组的评价表。

2. 大众评审团从不同的角度点评，实现全方位的评价。评选出最佳作品。各小组从最佳作品的鉴赏中修改完善各自小组的作品。

五、总结交流，拓展延伸

【设计意图：当学生解决了生活中的问题、体会到"拆与拼"后的成功和乐趣，进一步激发他们对风车后续活动开展的兴趣，使得活动具有连续性，促使学生养成探究问题的习惯】

梳理总结每个人的收获，交流活动感受，并明确下一节的内容，为后续活动做好准备。

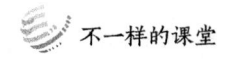

【教学反思】

本节课以"风车节"召集令的情境引导教学,并贯穿始终,激发学生的学习热情。课堂上以小组合作进行拆—拼—创,重视学生自主探究的过程,注重学生的思维成长,培养学生的创新思维与创意物化能力。学生在教师的引导及有效激励下脑洞大开,体验设计、创作的快乐,让简单的风车制作焕发出了新的活力。

课堂上由于任务与真实情境相结合,给学生营造了一个主动参与、合作交流的氛围,学生在合作共同体中根据活动提示拼、拆风车,在实际动手中总结制作方法,寻求知识点,体验学习乐趣。只有从"做"得来的知识,才是"真知识",这种做中学,有效地实现了思维与技能的统合。在创意风车制作中,学生从风车的结构到创意设计的改变点,从设计意见的不一致到达成共识,学会相互理解、相互支持,感受合作带来的力量和美好,营造和谐互助的氛围。构建了开放、活泼、充满生机的课堂,为每个学生的主动参与提供了广泛的空间。

(郑州市金水区柳林中心学校　曹丽萍)

活动 10　策划元旦联欢会

【活动背景】

每年辞旧迎新之际，各班都会组织开展元旦联欢会。在中低年级，元旦联欢会都是在班主任老师和个别班委的安排下准备、布置的，大部分学生只是当天参与一下，对于元旦联欢会的整个流程并不熟悉，各部门之间互相协作和配合也很陌生。进入高年级后，学生独立性强了，更想在元旦联欢会上融入自己的想法，班主任也想放手让学生自己策划。所以这个主题是来自学生真实的生活，从前期联欢会的策划、相关物品的准备、场地的布置到联欢当天参演节目、参与游戏，直到活动后的场地清扫、物品归位，学生全程参与，更有主人公的成就感，对活动的体验和感受更深刻，可以形成学生勇于实践的意识和善于实践的能力。同时，通过"策划元旦联欢会"主题活动的开展，培养学生活动的自主性、探究性、合作性，在活动中学会发现、学会探究、学会合作，培养发现问题与解决问题的能力。

"策划元旦联欢会"共五节课。本节课之前已组织学生讨论总结出策划元旦联欢会需要有节目组、教室布置组、物品采购组、后勤服务组、外联组共同协作才可以成功举办，并按照自己的兴趣成立活动小组后，这节课各组要借助思维导图将活动策划进行细化并责任到人。

【学情分析】

研究表明，五年级的孩子思维处于转折时期，抽象概括、分类、比较和推理能力开始形成。本次活动依据学生已有的生活经验，参加

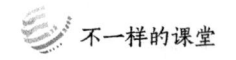

过四次"元旦联欢",但全程参与还是第一次,在考虑问题时线条太粗,活动内容笼统。本次活动策划让学生尝试借助思维导图,采用追问的方式帮助学生全面、细致地考虑问题,使活动方案操作性更强,促进学生的逻辑思维和发散思维的发展。

【活动目标】

1. 通过各小组汇报活动,促进小组间的交流与学习。
2. 各活动小组在绘制思维导图中促进逻辑思维能力和发散思维能力的发展。
3. 在交流中完善、落实活动任务,促进语言表达能力、沟通能力。
4. 学会小组合作和组间合作,感受同伴间互助的团队精神。

【活动重点】

各组借助思维导图细化小组任务。

【活动难点】

学生能辨析其他小组任务的安排是否合理、可行,会提出解决方法。

【活动流程】

本节课共设计五个流程:①回顾导入,激发兴趣;②实践设计,责任到人;③互动交流,完善细节;④畅谈收获,升华情感;⑤布置作业,积极行动。教师需要准备前期活动照片、PPT、小组评价星贴;学生需要准备小组台签,各组前期活动资料和水彩笔 5 支。

一、回顾导入,激发兴趣

【设计意图:学生观看自己的活动照片,激发学习热情】

1. 学生观看 PPT,回顾前期活动:主题分解、结成小组、小组建设的照片。

2. 各组汇报活动进展。

3. 教师总结，引出本节课任务：把具体任务落实到人。

二、实践设计，责任到人

【设计意图：用锦囊提供的妙计，帮助学生更好地思考，解决问题，将事情考虑得更细致，更有操作性，突破学习难点。教师当好顾问，放手让学生自己做主，遇到困难时，教师提供建议和大方向，具体落实小组商讨决定】

1. 教师提出活动要求，各组借助思维导图将本组下一步工作全面、细致地呈现出来，使小组活动更具操作性。

2. 教师出示锦囊妙计，引导学生明确活动任务。

锦囊1：我们小组完成任务可以从哪些方面考虑。

锦囊2：此问题是否已经解决了。是否责任到人了。

锦囊3：这样做是否可行。

3. 小组实践，教师巡视指导。

预设指导重点：

节目组考虑：互动游戏时间的弹性、领导到来时的行动和应答。

布置组考虑：最终的设计图和不同板块的负责人。

采购组考虑：确定购买的物品，食品、水果总量、人均量和价格，总价不超预算。

外联组考虑：提前与被邀人沟通，被邀请教师节目的准备。

服务组考虑：组间合并，责任到人。

三、互动交流，完善细节

【设计意图：小组评议时，先找亮点再提建议，使学生树立正确的评价观。评价权交给各个组，有利于培养学生良好的倾听习惯，增进小组间的交流互动，提高交流的效果】

1. 教师出示展示交流要求，如下。

（1）讲解员声音响亮。

（2）讲解清楚。

（3）观众认真倾听。

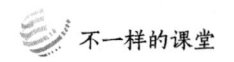

（4）积极发表自己的看法。

2. 引导小组互动评议，教师进行引导，比如：活动安排是否可行、是否存在安全隐患、其他小组有什么好的建议。

3. 为每组提供五颗星，评价权交给各组，为倾听认真、建议合理的小组颁发评价星。

四、畅谈收获，升华情感

【设计意图：关注学生多方面的体验和感受】

1. 学生交流本节课的收获。

2. 教师总结升华。

策划这次元旦联欢会，大家不仅学会了绘制思维导图，更感受到思维导图的魅力：可以帮助我们将一件事考虑得更全面细致。大家在活动中群策群力，通力合作，让我们体会到集体的力量无穷大，我们的能量无穷大！因为有你们的精心准备，咱班的元旦联欢会一定会特别出彩！特别成功！

五、布置作业，积极行动

教师提出方案进行完善，下节课总结反馈实施情况。

【教学反思】

首先，这节课是基于学生真实的学习需求，真实而有效，适时、针对性强。这对激发学生学习兴趣、掌握技能起到积极的作用。通过自我解决问题，产生探究新知的欲望，形成主动学习的动力，从而进一步促使学生自主地去寻找、验证甚至自主建构认知途径。活动与学生需求、生活经验相符合时，才能激起学生的生活体验，使他们从各自的生活背景出发，迅速投入到所创设的情境中，准确地进行问题解决。在问题的解决过程中，教师进行正确和有效地引领，发展学生学习能力，使学习变成自主意识，逐渐养成自主学习的习惯。

其次，通过锦囊的方式巧妙设置问题串，层层推进，将课堂学习活动的时间、空间留给学生，让学生真正参与到学习活动中来。问题的追问，促使学生在策划时考虑问题要细致、可行。通过问题串解决过程的讨论，使学生的学习不断深入，理解不断清晰。

(郑州市金水区黄河路第二小学　牛　红)

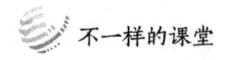

活动 11　姓氏探秘

【活动背景】

参天之木，必有其根；怀山之水，必有其源。人也是一样的，要知道自己的血脉传承，弄清自己的祖根来源，姓氏就是一个人家族系统的血缘符号。结合学生的认知需求，郑州市金水区未来小学本学期开展了"姓氏探秘"的综合实践活动课程。旨在通过对姓氏文化的探究学习激发孩子们探究祖国悠久历史、深厚文化的热情，激活埋藏在孩子们心中的中华文化基因，从小充满民族自豪感和文化信心。

本节课是在"姓氏探秘"主题活动进行中产生的，学生在之前经历了确定活动主题、研讨产生子课题、成立活动小组、明确小组分工。为了下一步活动的有序进行而开展了这节制订小组活动计划课。

【学情分析】

我校从一年级开始进行综合实践活动，通过前期的活动，二年级的学生大概清楚了综合实践活动课要做什么，并掌握了一些简单的活动方法，能够根据活动的主题制订简单的计划。本次活动对象是三年级的学生，他们原本的知识体系还不够，实践探究活动还没形成系统的思维方式，需要进一步通过实践活动来丰富。

【活动目标】

1. 通过实践探究的学习方式了解综合实践活动中小组活动计划的重要性以及小组活动计划的必备要素。知道如何根据研究主题的需要制订合理的活动步骤。

2. 通过小组合作学会与人交流沟通的能力，增强团队合作能力、团队协作的计划能力，学会分享快乐，分担忧愁。

3. 在实践中使学生获得自我规划的体验，形成善于计划、乐于计划、努力求知的积极态度。

【活动重点】

学生能够知道活动步骤在小组活动计划中的重要性，学会合理安排活动步骤。

【活动难点】

学生能够根据研究的主题设计出可行的、详细的活动步骤。

【活动流程】

本节课共设计了八个流程：①评价引领；②明确活动主题；③制订活动计划；④汇报展示；⑤修改活动计划；⑥再次展示；⑦自我评价；⑧教师总结。教师需要准备活动所需的PPT、未来小学综合实践活动课程评价表、综合实践活动"姓氏探秘"小组活动计划表；学生需要准备笔等文具，明确小组活动计划表是在上节课小组分工填写过的一部分。

一、评价引领

【设计意图：通过出示评价表，使学生清楚本节课他们将接受哪些方面的评价，应该朝着哪方面努力，做到有的放矢】

让学生先看手中的评价表，依据评价表的评价项目，引导学生课堂上的学习方向。

二、明确活动主题

【设计意图：通过老师的引导和学生的思考，明确本节课制订小组活动计划的任务】

1. 教师播放课件，回顾前期活动内容。

2. 各小组依次介绍组名和口号。

3. 老师通过谈话，引导学生明确本节课制订小组活动计划的主题。

三、制订活动计划

【设计意图：通过老师的引导和小组的讨论，明确活动计划的构成部分。并通过合作讨论，集合小组智慧，初步制订出小组活动计划】

1. 学生根据已有经验回忆制订活动计划都包括哪些方面。

2. 老师对学生所说的内容进行归纳总结。

3. 小组讨论，制订符合自己小组需要的活动计划。

（1）填写小组活动计划表。

（2）各小组成员共同讨论制订活动计划。

（3）由记录员执笔记录小组活动计划。

4. 老师课件出示讨论要求：安静地听、慢慢地说、认真地记。

四、汇报展示

【设计意图：使学生在这个过程中学会如何聆听别人的汇报；会对别人的汇报内容进行评价；能够结合自身取长补短；学会用分解目标的方法制定活动步骤，使活动计划更具有可操作性】

1. 各小组汇报本小组活动计划。

老师播放课件，提出要求：认真聆听，不打断别人的发言；发现别人的优点；做好笔记；结合自己的计划；从中受到启发。

2. 其他小组从优点和受到的启发这两点进行评价。

3. 教师引导学生进行讨论，得出"我们的活动目标需要实现可操作性，我们就需要把目标分解开，分解成一个个可以操作的步骤"这样的结论。

4. 教师追问、启发、总结出以时间顺序安排活动的方法。

5. 教师继续追问，学生交流得出明确做一件事情还需要时间、地点、人物和活动内容这些要素。

五、修改活动计划

【设计意图：通过小组讨论能够方法得当、目的明确、条理清晰地制订小组活动计划。认识到一份好的活动计划要时间合适、内容具体、

方法可行】

1. 学生根据刚才的总结提炼，结合自己小组的实际情况讨论修改小组活动计划。

2. 老师播放课件，提出注意事项：活动的时间是否合适；安排的内容是否具体；采用的方法是否可行。

六、再次展示

【设计意图：通过汇报展示引导学生学会总结反思，明确掌握制订小组活动计划的方法和要求】

1. 以小组为单位再次展示修改过的小组活动计划。

2. 老师通过个别提问的方式，让学生说一说在制订和修改小组活动计划中的收获和体会，再次明确在计划活动步骤时要注意时间、内容和方式这些要素。

七、自我评价

【设计意图：通过自我评价进行课堂学习能力的自我反思】

学生根据自己本节课的真实表现填写自我评价表，并交流。

八、教师总结

【设计意图：明确下一步的任务，知道团队协作的重要性】

老师总结本节课的学习内容。明确今后围绕小组活动计划进行探究活动的任务。

【教学反思】

任教综合实践活动这几年，深深地被综合实践活动这种以学生的经验和生活为核心的实践活动课程所吸引。它给了学生一个开放的空间，这是一个非常有吸引力的学习情境。

我在设计教学环节时也完全尊重学生的原生态思维，努力为学生营造出一个通过活动、参与来进行学习的环境。于是在本节课的教学中，我设计的教学环节是让学生根据他们已有的能力和经验进行自我实践，通过展示的环节激发学生见贤思齐的学习力。经历一个设计—反思—再设计的实践探究过程。

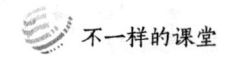

每一个教学环节的设置都是通过学生的参与来进行的学习，而不是老师直接的讲解和传授。老师就是引领一个方向，一切都放手让学生自己实践，自己体会。学生通过自己的脑子思考、眼睛看、耳朵听、嘴说话，也就是用自己的亲身经历和心灵感悟来学习。

（郑州市金水区未来小学　郭丽丽）

活动 12　走近豫剧

【活动背景】

郑州市第二十六中学东邻河南省豫剧三团，老一代著名编导、音乐家杨兰春、王基笑、梁思晖、姜宏轩、鲁本修等和老一代表演艺术家高洁、马琳、王善朴、魏云、柳兰芳等均在此团。因此，我校有着得天独厚的教学资源。

我校基于校情、师情以及七年级学生初小衔接学习与生活的适应和今后发展的情况，开发了"走近豫剧"综合实践活动课程。本课程旨在培养学生的独立思考能力、合作探究能力和创新思维能力；激发学生对传统戏曲的兴趣爱好和民族自豪感；增强学生传承民族传统文化的责任感和使命感。

"问卷调查"是本课程的一个活动内容。旨在学生通过调查问卷及结果的展示与汇报，师生共同探讨问题，共同分析解决问题，助推课程下一阶段的顺利开展。

【学情分析】

七年级学生大多数在小学已经经历了四年的综合实践活动课程，具备了多角度、多层面思考问题的能力，初步的活动计划能力，一定的社会调查能力和调查取材、分析判断以及活动总结的能力。

但他们根据调查对象的年龄、身份特点设计调查问题、多角度深入分析调查数据、简洁明了表述观点等能力还需连续提高。

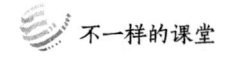

【活动目标】

1. 通过师生的共同探讨，学生能够掌握调查问卷设计的基本原则和注意事项；

2. 通过老师的引导，学生能够多角度深入探究分析调查数据、提炼观点；

3. 通过分析调查数据，学生能够对中国传统戏曲文化的传承问题进行较为深入的思考，激发他们弘扬传统民族文化的责任感和使命感。

【活动重点】

学生根据本次主题设计出一份科学、合理的调查问卷。

【活动难点】

学生多角度深入探究分析调查数据。

【活动流程】

本节课共设计五个流程：①主题活动回顾；②小组展示汇报，师生共同评价；③探究解决问题；④修改调查问卷，再次交流评价；⑤课堂总结。教师准备课件，学生准备小组展示汇报的调查问卷、调查结论、制作的幻灯片等资料。

一、主题活动回顾

【设计意图：回顾本学期主题课程及活动的内容和过程，导入本节课的活动内容】

教师课件展示回顾本学期的主题课程及活动内容：

同学们，前期我们了解了豫剧的起源、发展、流派及其代表人物和作品；学习了豫剧的声腔、乐器、角色行当、脸谱服饰等相关知识；学唱名家名段；实地参观河南省豫剧三团并与剧团演员进行交流；设计宣传画报；上网查找搜集资料；设计了有关"我校学生对'豫剧'

知识的了解情况和喜欢程度及对未来发展的预测"为主题的调查问卷，并向全校学生做了调查研究。

二、小组展示汇报，师生共同评价

【设计意图：通过学生展示本组的调查问卷及调查结论，师生共同发现问题，质疑、归纳，从而引出本节课的重难点】

1. 教师引出问题：各小组的调查结果怎么样呢？

2. 教师随机选择一个小组展示并出示展示要求：

（1）介绍本组进行本次调查的任务分工。

（2）介绍本组进行汇报所采用的形式。

（3）介绍本次调查的对象，发放调查问卷的数量及回收的数量。

（4）介绍本次调查问卷题目的分类和数量。

（5）介绍本次调查通过哪些数据得出了哪些结论。

对其他小组的要求：

（1）展示小组的调查问卷有哪些值得我们学习和借鉴的地方，比如可以围绕主题、题目设置、语言等方面来谈。

（2）展示小组的调查问卷所得出的结论是否客观、全面、准确？

3. 小组展示，学生评价肯定优点，提出问题，教师随机罗列出现的问题和不足。

4. 师生归纳问题，教师引发探究内容：那么设计一份科学的调查问卷需要注意哪些事项呢。

三、解决探究问题

【设计意图：本环节通过师生共同探讨，学习设计调查问卷的原则和注意事项，多角度深入探究分析调查数据，得出客观、全面、准确的调查结论，从而突破本节课的重难点】

（一）小组探究，教师总结

1. 小组借助搜集的资料、根据小组的调查问卷，讨论：设计调查问卷应该注意的事项和怎样得出客观、全面、准确的调查结论。

2. 小组交流谈论的结果，教师随机板书：

设计调查问卷应该注意的事项：

（1）设计的题目要围绕调查的主题。

（2）设计的题目要由浅入深，循序渐进。

（3）语言要简洁明了，通俗易懂，避免专业术语和暗示性语言。

（4）设计的答案要和题目一致。

3. 教师小结：看来，分类分项整理数据，并从多个方面和角度来对比分析数据，这样才能得出客观、全面、准确的调查结论。

（二）指导学生修改完善本组的调查问卷，并再次多角度深入分析本组调查数据，得出更加全面准确的调查结论。

四、修改调查问卷，再次交流评价

【设计意图：学习过程是一个不断反思、探究和提升的过程，给予学生思考的空间，再次修改完善，进行展示，及时反馈，不仅能够验证教师的指导效果，更是促进学生再次发展的台阶】

1. 各小组修改问卷，整理调查结论，教师巡视进行指导。

2. 教师指导第一次展示过的小组以及其他小组进行展示，小组成员说明修改的理由。

3. 生生评价，肯定优点，提出不足，也可以提出质疑，教师给予点拨。

五、课堂总结

【设计意图：通过对本节课的回顾与总结，学生进一步巩固本节课所学的知识，再次强化了多角度思考问题的思维意识和方法，从而提高了他们今后探究问题、解决问题的能力，同时也为他们下一步撰写调查报告奠定了基础】

同学们，今天这节课，我们收获颇丰。我们不仅知道了围绕主题、根据对象来设计调查问卷及各种注意事项，更重要的是我们学习了一种探究问题和解决问题的方法，那就是多角度、多方位的思维方法。掌握这种思维方法，在今后的学习和生活中，我们的思想将不再狭隘和偏激，我们将会更加客观、全面、准确地分析和看待问题，我们也将会更具有创造力！

【教学反思】

"授之以鱼不如授之以渔。"教给学生分析问题解决问题的思维方法，培养学生独立思考、合作探究的能力比直接灌输理论知识更重要。但又该以何种方式方法培养学生的这些能力？本着"以生为本"的教育思想，我们充分发挥学生的主观能动性，通过合作探究的过程，让学生获得学习方法，经历质疑、反思、辩论、总结的学习过程。教师没有讲解调查问卷设计的相关知识，完全是学生们通过查找资料和小组共同探讨合作完成的。这样做有两个好处：一是培养训练学生自主学习的能力和合作探究的能力，获得自我认知；二是检验学生自主学习和合作探究的效果，使之充分暴露出问题，教师才能更好地有的放矢进行指导。

我认为，活动设计一定要结合学生的年龄、心理特点和知识能力等，突出活动的趣味性、丰富性、可行性，以便更好地促进学生的思维和能力的发展。

（郑州市第二十六中学　毛　华　张朝奎）

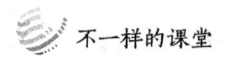

活动 13　纸飞机飞行距离探究

【活动背景】

郑州市第八中学从学生的兴趣、能力、学科知识等方面设计了学生感兴趣、有价值的"纸飞机"这课程。课程致力于培养学生将知识学以致用的能力、动手创造能力和坚韧不拔的探究精神。课程打破学科壁垒，结合日常生活，融趣味性、科学性、实践性于一体，培养学生自主学习和动手操作能力，提升学生的科学素养，使学生深刻地理解所应用的学科知识。此课程一直以来得到学生们的喜爱，真正实现了以学生为主体的教育理念。

纸飞机飞行距离探究活动是航空模型的最基本内容，为其他材质飞机模型的制作、飞行奠定了基础。纸飞机飞行距离探究活动以研究性学习的方式开展，让学生在制作中追求细节，在试验中进行数据统计，在动手和实践的过程中学习科学探究和解决问题的方法，培养学生的科学素养、创新思维和实践能力。

【学情分析】

本节课是针对七年级学生开展的纸飞机飞行距离探究课的第三课时——成果展示课。前两课时同学们已经学习和了解了飞机的飞行原理，设计制作了不同类型的纸飞机并进行飞行距离项目测试数据的采集和统计，进一步提升了学生的实践、验证、探究的科学态度和严谨的探究精神。

【活动目标】

1. 观察火车站月台警示线和两艘并行的船，结合伯努利原理，用自己的话描述这一现象的成因。

2. 根据学科知识的科学原理，能够推理并进行纸飞机飞行距离的实践验证和体验方法。

3. 测试纸飞机飞行距离，掌握改进纸飞机的方法，锻炼动手操作能力、持之以恒的探究精神和毅力，培养团队合作精神。

【活动重点】

学生能够通过不断调试纸飞机，逐步掌握改进纸飞机的方法。

【活动难点】

通过多次测试，找到可行的解决方案，让纸飞机飞得更远。

【活动流程】

本文主题共设计了五个环节：①情景导入；②合作探究；③成果展示；④评价反思；⑤拓展延伸。教师需要准备相关课件、模型，选择学习场地便于学生进行试飞与实践，每个小组需要发放纸飞机模型各三个。

一、情境导入

【设计意图：调动学生已有的生活经验，激发学生的学习探究兴趣】

1. 教师出示生活中的两幅图片，让学生用自己的话描述伯努利原理，总结出伯努利原理在飞机上的应用。

2. 教师指导学生以此分析发生的现象，用自己的话得出结论，引出探究内容。

二、合作探究

【设计意图：学生探究在实践操作过程中遇到的问题及原因，并整

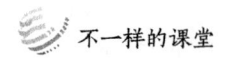

合汇报，培养学生小组合作探究的精神】

1. 小组讨论，结合伯努利原理，分类归纳影响纸飞机飞行距离的内部因素和外部因素。

2. 学生分小组整合汇报，结合上节课纸飞机飞行距离项目测试结果，阐述测试前小组针对什么项目，制定了哪些指标，理由是什么，实验的结果是什么，得出怎样的结论。

3. 教师引导学生得出结论：影响纸飞机飞行距离的因素，自身因素：飞机机头、机翼面积、飞机重心；外部因素：投掷的角度和力度。

三、成果展示

【设计意图：理论联系实际，培养学生创新思维和解决问题的能力】

（一）环节一

1. 学生根据项目测试结果选出最优方案，讨论如何改进纸飞机模型，并进行改进。教师出示以下学习要求：

目标检测：改进后的纸飞机模型，使其飞行距离达到10米。

观察要求：仔细观察各小组选派投手，投掷纸飞机时的手握点、投掷角度、投掷力度和纸飞机飞行的状态。

小组自评：改进后的模型效果，遇到的问题，分析问题的原因，并提出改进意见。如果模型实验效果较好，评价模型的优点。

小组互评：其他小组进行纸飞机飞行测试时，观察到的问题，并提出改进意见。

（二）环节二

1. 未达标的小组，再次改进纸飞机模型，使其完成目标任务。
2. 再次分享如何改进纸飞机模型，并进行评价。

四、评价反思

【设计意图：通过多种评价方式，让学生学会反思总结】

1. 教师引导学生回顾团队设计、制作和测试纸飞机的过程，反思在团队中的行为表现，谈一谈感受和收获。教师出示以下参考内容：

（1）这项实验任务中最难的是什么，是如何解决的。

（2）如果想在实验任务中做得更好，需要怎么做。

（3）通过完成这项实验任务，学到了什么、明白了什么、感受是什么。

2. 教师根据学生的反思从纸飞机设计、制作、测试、成功与失败等方面，进行肯定、激励、点拨、评价。

五、拓展延伸

【设计意图：在此基础知识与技能基础上，引发更进一步的思考与探究，培养学生的创新能力、持续的探究能力】

教师小结本节课情况，并引发更深一步的思考：如何加装电动机和螺旋桨，让纸飞机长时间保持飞行状态。

【教学反思】

实践探究课一直深受学生们的喜爱，为了让本节课能达到预期的效果，前期的充分准备是必不可少的。从设计制作纸飞机到根据假设制定纸飞机的测试项目，每一个环节都是用心安排与设计的。

本节课学生通过运用科学的方法真正地理解纸飞机飞行距离的影响因素，培养学生的科学素养。我们整合了数学、物理、航模等课程知识，根据方案展开研究学习。通过开展协作式、探究式学习，在培养学生解决问题、沟通交流、分析问题能力的同时，使逻辑思维水平也在这一过程中得到提升。在评价方式上，我们采用了更多元、更开放的评价方式，注重学生自我评价、同伴间合作交流和经验分享的综合考察。

用学生的一句话："用数据说话。"同学们根据项目任务，通过团队合作和动手实践操作，不断地尝试检验改进的纸飞机模型，最终完成任务。每位小组成员积极参与讨论并提出建设性的建议，加深了团队合作的精神，增强了团队沟通的技巧，把学习变得更有趣而有效。

（郑州市第八中学　蒋　萌）

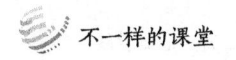

活动14 追本溯源——探寻勾股定理的验证

【活动背景】

勾股定理有着悠久的历史，是几何学中的明珠，是数形结合的纽带之一。千百年来，人们对勾股定理的兴趣不曾减少，有资料表明，关于勾股定理的证明方法已有500余种，这些证明方法中有的十分精彩，有的十分简洁。

学生在八年级上学期第一单元已经完成了勾股定理的学习，经历了勾股定理的发现和验证过程，具备了拼弦图、利用等面积法加以证明的技能。本节活动课是对教材内容的进一步延伸和拓展，聚焦于勾股定理验证方法的多样性展示及内在联系。学生通过课前的自主查阅了解勾股定理证明的多样性，通过课堂上的拼图和验证再次体验和领悟等面积的证明方法，提升作辅助线的方法和技巧，同时探寻不同图形之间的内在联系，最终追溯到教材中的弦图，体会数形结合和划归的数学思想方法。通过综合应用知识解决问题的过程，让学生在"做"中学，"思"后悟，不断积累数学活动经验，发展推理能力，培养创新品质。

【学情分析】

学生已经熟悉验证勾股定理的两个弦图，能够通过图形面积的不同算法，列出等式，从而验证勾股定理，体会了数形结合的思想，为本节活动课研讨其他验证方法做了铺垫，但在平方的构造及图形的内在关联上尚有欠缺。

通过本次活动，让学生进一步感受勾股定理的逻辑思维、神奇和应用。

【活动目标】

1. 通过小组研讨和班内交流，进一步体会勾股定理证明的多样性，能用规范的数学语言表达等面积法的证明思路及对辅助线作法的思考。

2. 通过对所有展示方案的分析、归类、择优，探索各图形与内、外弦图的内在联系，体会数形结合和划归的数学思想方法。

3. 通过小组探究学习，进一步提高学生合作学习的能力、提炼观点的能力、成果分享的能力。

【活动重点】

梳理勾股定理的多种验证方法，能准确表达等面积法的证明思路。

【活动难点】

探索各图形与内、外弦图的内在联系。

【活动流程】

本节课共设计了七个流程：①情境导入；②任务反馈；③方案研讨；④方案展示；⑤排版设计；⑥寄语；⑦课后任务。教师需要准备活动课所需要的课件、平板发布课前任务、全等的直角三角形若干套、设计图底版、验证图（每组一套）、胶棒、彩笔；学生需要课前自主查阅资料，至少找到一种验证勾股定理的方法，画出图形并规范写出验证过程，拍照上传至平板任务中。

一、情境导入

【设计意图：通过课前演讲，提高学生的综合素养，同时也对本节课进行简单的活动背景介绍，引出本节课的聚焦点——勾股定理的验证】

开场白，由学生讲述本次的活动背景和展板的设计进程。

1. 活动背景：为了展示同学们数学学习的成果，学校要举办学科展活动，其中数学展区面向八年级征集方案。每个班负责一个展示区，主题自定。

2. 展板的设计进程介绍

主要内容：计划设置三个板块，分别是勾股定理的背景、验证和应用。第一板块包括勾股定理名字的由来和相关的奇闻轶事，已设计完成。第二板块是勾股定理的验证，课前我们已经搜集了很多勾股定理的验证方法，今天我们一起讨论完成设计任务。

二、任务反馈

【设计意图：通过展示学生课前任务的成果，秉持着学校"记录、发现、表扬、欣赏"的理念，让学生建立学习数学的自信心。通过动手拼两个弦图、回顾等面积法和数形结合思想，为接下来的小组研讨奠定知识技能基础和活动经验基础】

（一）教师指导学生从以下三大类进行验证方法地展示。

1. 教材中两个弦图的验证方法

（1）请两名学生在黑板上拼出两个弦图，其他学生在同桌之间互说验证思路。

（2）学生规范讲解验证思路，回顾验证方法和蕴含的思想——等面积法和数形结合思想。

2. 拼图类的其他验证方法：聚焦比较集中的四种拼图。

引发学生思考：这些拼图验证方法是否正确？到底展示哪些验证方法呢？

3. 无字证明：呈现在课后推送作业中。

（二）教师根据学生展示情况，进行表扬和问题反馈，同时回顾学过的拼图验证思路。

三、方案研讨

【设计意图：课前每位学生都提供了一种验证方法，但对于其他的验证方法并未深入了解，通过对其他拼图的深入观察和思考，进一步体会其多样性，同时反思、领悟此种拼图的意图以及验证方法的巧妙！

为接下来的追本溯源，即这几种拼图都可以转化成课本中弦图的方法验证勾股定理作铺垫】

每个小组从四类拼图中随机抽取一种验证方法，进行研讨审核。

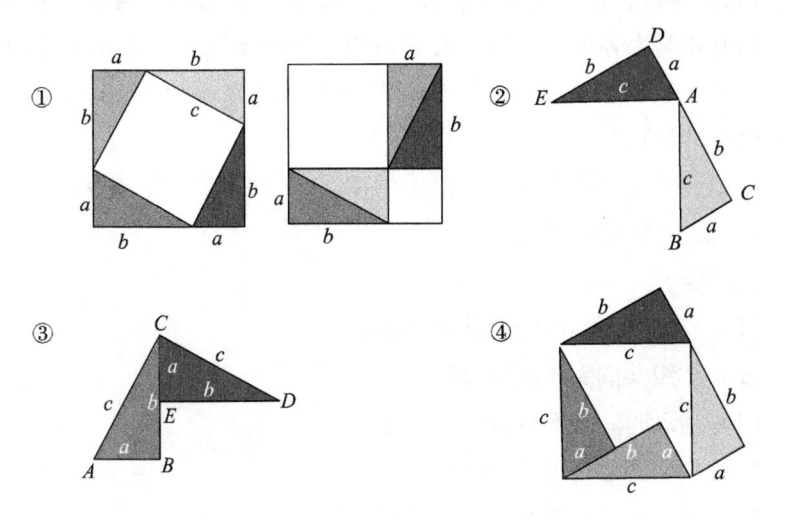

活动要求：

1. 请学生利用学具拼摆验证图。

2. 小组讨论此图的验证方法（鼓励用多种方法）。

3. 请学生在学案上规范书写验证过程，如有辅助线，要先对辅助线做规范描述。

4. 活动时间：6分钟。

四、方案展示

【设计意图：通过小组展示和学生方法补充，培养学生有条理地表达能力，进一步加深对等面积法、构造法及数形结合思想的理解；通过拼图和验证方法的说理，探索验证图与两个弦图的关系，为接下来的展区排版设计奠定基础】

1. 各小组展示自己所抽取的拼图及验证方案，讲解验证方法。

2. 教师出示展示要求，师生共同分析完善。

（1）介绍验证图的形成。

（2）有条理地表达验证过程。

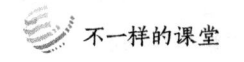

3. 教师评价、学生互评。

五、排版设计

【设计意图：完整地完成展区设计任务，发散思维，调动学生积极性的同时让学生再次梳理不同验证图形之间的联系，探索出图形间的转化，将四种验证图的证法追溯到教材中两种经典的弦图验证方法，感受化归思想】

1. 教师提出活动内容：将以上勾股定理的验证方案进行梳理归纳，设计一个优美的展板样例。

活动要求：

（1）小组内讨论排版设计的思路。

（2）小组共同完成版面设计。

（3）活动时间为 5 分钟。

2. 每个小组进行设计与展示。

（1）展示要求：展示设计图的同时阐述设计思路。

（2）设计评比：择优确定在展区中使用的设计图。

3. 组与组进行成果分享，生生互评，教师给予肯定，并提出完善方案。

六、寄语

【设计意图：利用与本节相关的勾股树动画，表达对学生的鼓励，增强学生学习数学的自信心】

利用勾股树动画，表达对学生学习数学的期望和鼓励。希望同学们保持对数学的探索精神，像勾股树一样，不断成长，勇攀数学高峰！

七、课后任务

【设计意图：课后研究无字证明，为学生留下探索的空间，发展学生的自主探究能力；同时布置课前任务培养学生的自主学习能力以及增强学生应用数学知识解决实际问题的意识】

平板推送课后任务：

1. 研究东汉末期数学家刘徽的无字证明：青朱出入图。（课前学生提供的第三类验证方法）

2. 提供一个用勾股定理来解决的实际问题，完善展区第三板块。

【教学反思】

本节课实行"先学后教"的讨论法，抓住学校举办学科展的契机，创设问题情境，设计探究活动，采用"自主先学—合作探究—小组交流—分析展示"的教学流程，学生通过"自主探究—合作探究—交流展示—分析归纳"的学习过程，进一步培养学习兴趣，增进理性思考和创新意识的学习品质。

通过这节课，我意识到一节优秀的活动课首先需要教师有着丰富的专业知识，并能将知识结构融会贯通；其次就是对课堂的整体把控，包括各个细节的处理、时间流的把控等。这节课勾股定理的多种证法，自己在前期备课时也进行了搜集研究，但是在课堂上发现对于一种拼图，学生竟然有另一种证法，这是自己没想到的，所以课前备课的预设很重要。

在时间的控制上，由于方案展示没有把控好时间，导致第二个排版设计活动的时间不够，学生设计图没有展示，以后要注意把握课堂时间，增强课堂应变能力。

（郑州市金水区第七十一中学　陈梦园）

第三篇　经验融汇

如果我们仍用昨天的教育培养今天的儿童，那么我们就是在剥夺他们的明天。

——约翰·杜威

活动 15　走进博物馆

【活动背景】

根据学校文化、课程理念、学生发展需求，金水区文化路第一小学根据四年级学生的年龄特征，利用社区资源和家长资源，开发了"走进博物馆"这一综合实践活动课程。

综合实践活动过程中的汇报展示交流阶段是活动的最后一个环节，是经验共享的过程，是调整、深化的过程，最能体现学生的探究能力和学习质量，也是教师对学生的开展状况做进一步的指导和评价的重要依据。因此在常态化实施下，作为指导教师，需要把指导内容从讲台下搬到讲台上，并对不同小组的研究内容及形式进行有效的科学指导，发现共性问题，为学生提供交流探讨的平台，使学生在活动中体验和掌握解决问题的基本方法，形成知识与技能，培养学生的探究意识和探究能力。由此可见，在汇报展示前对学生进行有效的指导既有启下的作用，又直接影响着汇报展示交流的质量和品质。因此，根据学生需求和课程实施的需求，进行汇报前的设计方案尤其重要。

【学情分析】

四年级学生在汇报展示阶段已具备的能力有：

1. 知道要汇报展示研究的主题和研究的结论。
2. 能够简单地陈述研究的主题和研究的结论。
3. 了解各种各样的展示形式。

通过本次活动课，需要提升的能力有：

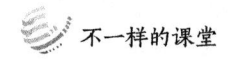

1. 从多角度、多方位进行汇报展示，如：研究的主题、研究的过程、研究的结论、活动感受和新的问题。

2. 学会充实汇报内容，做到重点突出。

3. 采用恰当的展示形式，突出小组特色。

【活动目标】

1. 通过本节活动课，让学生学会设计汇报方案。

2. 在交流中，学生共享经验，促使学生对活动过程、结果进行反思，通过反思不断改进活动、拓展活动。

3. 培养学生从整体考虑，统筹规划活动的能力。

【活动重点】

学生通过多方面、多角度展示活动收获。

【活动难点】

学生从多个方面陈述研究结论。

【活动流程】

本节课共设计了四个流程是：①前期活动回顾；②小组展示，发现问题，解决问题；③设计汇报方案；④课堂总结。教师准备课件、板书用的色卡纸，学生准备小组汇报展示方案设计表、档案袋、实物模型、书籍或 CD 等资料。

一、前期活动回顾

【设计意图：回顾研究过程，引出本节活动内容】

1. 教师播放 PPT 回顾前期活动内容。本学期我们的活动主题是"走进博物馆了解历史"。大家选择了自己喜欢的文物，确定了研究主题，通过到河南省博物院进行实地考察、采访、上网等形式进行了研究。上节活动课，每个小组对资料进行了汇总、整理。

2. 教师引出本节课活动内容：为了阐述自己的观点，使我们的汇报展示更加精彩。这节课，我们一起来探讨如何设计汇报方案。

二、小组展示，发现问题，解决问题

【设计意图：学生在教师的引导下发现问题，通过学生思维的碰撞与层层深入，逐渐解决问题，得出方案，推动教师的指导过程，突破活动的重难点】

（一）通过示范性展示，碰撞得出的研究结论要充实

1. 教师邀请一个小组展示小组整理的资料，其他同学认真倾听：看看他们小组向大家展示了哪些方面的内容，哪些内容是值得借鉴的，哪些内容还可以改进。

2. 学生回答，教师随机板书五个方面：研究主题、研究过程、研究结论、活动感受、新的问题。

3. 教师小结：研究一件文物我们可以从它的多个方面进行，这样我们的结论才会更加充实、更加有说服力。

4. 教师提出质疑：同学们是不是认为搜集到资料就大功告成了。学生交流观点。

5. 学生交流可以补充的汇报内容陈述理由。教师随机小结：研究结论充实、明确。

（二）指导学生如何选择汇报形式

1. 小组商讨想展示哪些方面，打算怎么安排时间。

2. 小组交流，教师适时引导，并小结。汇报时，同学们可以从这五个方面进行汇报，也可以从中选择最想汇报的内容，进行合理地安排时间，突出汇报的重点。

3. 教师提出问题：为了突出汇报的重点，可以用什么形式来进行展示。

4. 学生根据搜集到的各种资料，结合要展示的内容，谈一谈选择哪种形式并陈述理由。

5. 小组交流，生生评价，教师适时引导评价。

三、设计汇报方案

【设计意图：学生根据前一阶段的探讨与碰撞，得出自己的方法，

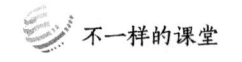

然后进行实践，设计本组的汇报方案；并在小组的展示与评价中，发现亮点和不足，并进行完善】

1. 教师提出，在汇报时，要从多个方面总结、归纳研究结论；也可以从其他的角度进行详细的展示，再配上恰当的形式，就会让汇报展示，内容重点突出，形式吸引人。
2. 教师提出活动任务，填写汇报方案设计表。
3. 学生填写方案，师巡视指导。
4. 小组展示，生生评价，教师点拨。

四、课堂总结

【设计意图：对本节课进行承上启下的回顾与总结，帮助学生梳理所获得的知识、方法、技能以及能力的发展，并提出下一阶段的活动计划，促进学生在课下自主地有方法地实施活动，做一个有计划、有准备的主动学习者】

同学们，通过这节课的交流，我们知道了在汇报时不仅要考虑展示的内容是否充实，还要考虑选用的形式是否恰当、时间安排的是否科学、分工是否明确，只有把这些内容串联在一起，进行统筹安排，才能让我们汇报的内容重点突出、形象直观、一目了然，给大家留下深刻的印象。俗话说：台上一分钟，台下十年功！希望同学们多加练习，为下节课的汇报展示做好充分的准备。老师相信：大家的汇报展示一定会很成功！让我们期待下节课的到来！

【教学反思】

在汇报展示阶段，作为兼职教师，都是利用课余时间一个小组一个小组地进行指导。如今，课程处于常态化实施状态，作为专职教师就需要把对学生的指导内容从讲台下搬到讲台上，并对全班八个小组的不同内容及形式在同一地方、同一时间进行有效的、科学的指导，培养学生如何选择汇报内容、汇报形式，是值得教师探索的，也是需要教师不断深入研究、实践、深思与总结的。通过一年两个学期、两个活动主题扎实的探究，以及对汇报展示前指导方法的不断实践、反思、调整，形成了此次比较满意的课型流程。

本节课，通过学生真实的交流，教师思辨式的引导，让学生在讨论中不断明白可以从研究的过程、研究的结论、研究的感受、产生的新问题确定汇报内容，并根据时间统筹安排汇报内容，突出汇报重点；还要根据汇报的内容选择恰当的汇报形式，给人以最直观、最吸引力的效果；以此，让学生形成一种思维模式，那就是在汇报展示中要提前规划和选择汇报的内容及形式，通盘考虑汇报的效果，达到形式助推内容的吸引力，从而给观众留下深刻的印象。

在设计活动中，我们一定要突出活动目标的丰富、活动环节的层层深入、活动本身的有趣性和价值点，以实现学生在活动中得到身心的成长与思维的发展。

（郑州市金水区教育发展研究中心　关春霞　梁泽璞）

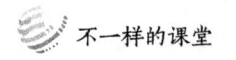

活动 16　香薰蜡片

【活动背景】

　　熏香的历史源远流长。在我国古代，君子会佩戴香囊，香，代表自己的品格和魅力。蜡，常作为照明的工具，从传统意义上来说，使用蜡烛的原因来自生活需求等方面。将香薰与蜡烛结合，可以用低成本营造一个温馨浪漫的气氛。香薰蜡烛属于工艺蜡烛的一种，外形丰富多样，色彩美轮美奂，香味清新怡人。它将艺术创作、培养动手以及开发智力紧密结合起来，是富有个性和独创性的产物。

　　在生活中，精品店、商场、超市经常会看到漂亮的香薰蜡片。初中生也经常在课余时间逛精品店，对此产生浓厚的兴趣并向教师提出，是否可以动手制作香薰蜡片。

　　于是，教师和学生一起查阅资料，发现香薰蜡片的制作不仅结合了物理学的称量，化学中的溶解、搅拌、加热和隔水加热，而且还涉及生物学中干花制作和设计的具体操作等知识。如此一来，既能将各学科知识与技能进行学习，又能融会贯通，体现了跨学科活动的意义。基于此，师生共同确定了香薰蜡片和水果蜡灯这一主题开展实践研究。

【学情分析】

　　对于初中生来说，香薰蜡烛和水果蜡灯与生活联系紧密，制作程序简单，成品漂亮，可以展现自己的风格和个性。学生好奇心强，兴趣高，对实验操作有一定的知识积累，有主动研究的兴趣，愿意与同伴合作完成活动，能够公平完成自评和互评。香气四溢、治愈心灵的香薰蜡烛和水果蜡灯，可以提高学生的实践创新意识和审美意识。本节课重在引导学生动手实践操作，大胆加入自己的创意，向优秀的同学学习，敢于上台展示自己的作品，分享经验。教师应对学生操作中出现的问题，进行引导，使学生自己分析出现问题的原因及解决方法。

【活动目标】

1. 通过加热、溶解、倒模等基本操作，学会香薰蜡片和水果蜡灯的制作方法。

2. 通过参与香薰蜡片和水果蜡灯的制作过程，动手实践获得作品，提高合作交流能力，提高实践创新意识和审美意识。

3. 通过作品的上传分享与评价，了解评价的基本要求，获得改进作品的成就感。

【活动重点】

学生学会加热、溶解、倒模等基本操作。

【活动难点】

学生在制作中遇到问题，能够想到办法进行解决。

【活动流程】

本节课共设计了五个流程：①激趣导入；②香薰蜡烛的讲解和展示；③介绍原料和用具，学习制作方法；④学生动手制作；⑤展示作品，交流经验。教师需要准备活动课所需要的课件、大豆蜡、白蜂蜡、烧杯、加热炉、化蜡锅、搅拌棒、镊子、香薰精油、模具、干花或柠檬片等，学生需要准备：水果壳、棉线、装饰（如干花、贝壳等）。

一、激趣导入

【设计意图：让学生思考生活中的"蜡"，让学生结合自身生活经

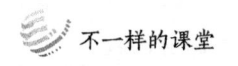

验，发挥想象，蜡都可以做什么，为本节课程"香薰蜡片，水果蜡灯的制作"作铺垫】

1. 设问导入，引发思考。

教师提出问题，引发学生思考。说到生活中的蜡，你能想到什么，这些蜡都具有什么作用。

2. 学生认真思考，踊跃回答，教师随机肯定，引发共鸣。

二、香薰蜡烛的讲解和展示

【设计意图：介绍熏香的历史，让学生将蜡烛与熏香结合起来。学生了解香薰蜡烛和水果蜡灯的用途。展示成品香薰蜡片和水果蜡灯，精致的物件可以激发学生的制作兴趣和创作热情】

1. 教师出示古代蜡和香薰的图片，讲解有关香薰和蜡的历史，出示课题。

（熏香的历史源远流长。在我国古代，君子都会佩戴香囊。香，代表自己的品格和魅力。精致的物件可以帮助我们提升生活的格调，今天我们要做的是集香薰与观赏为一体的香薰蜡片和水果蜡灯）

2. 教师介绍当代香薰蜡片，展示实物，激发学生探究欲望。

3. 学生谈启发与感受，师生共同确定本节课内容。

三、介绍原料和用具，学习制作方法

【设计意图：以展示和讲解为主要形式，让学生认识制作香薰蜡片的原料、工具，了解加热、溶解、倒模的基本操作和注意事项。为学生创设有效的操作情境，激发学生的自觉能动性】

1. 教师向学生展示各种用具和原料，并说明使用方法。

依次展示大豆蜡、白蜂蜡、烧杯、加热炉、化蜡锅、搅拌棒、镊子、香薰精油、模具、干花等用具，并说明使用方法。

学生记录制作方法，并对不理解的步骤提问。

2. 实验步骤和注意事项的讲解。教师讲解具体的实验操作步骤、原料的用量以及操作过程中的注意事项。

制作的具体步骤为，第一步，配比。把大豆蜡和蜂蜡按照1:1的比例配好；第二步，化蜡。将大豆蜡和蜂蜡倒入化蜡锅中加热；第三步，加颜料。蜡融化后加颜料；第四步，加香。温度降低到60~70℃添加香薰精油，搅拌均匀；第五步，入模。待蜡融化后，将蜡液倒入模具中。可以加入干花、贝壳、柠檬片进行装饰，待蜡液轻微凝固，用镊子将事先准备好的干花装饰蜡片；第六步，脱模。待蜡液完全凝固，且没有热度后，脱模；第七步，穿绳使用。先将金属扣固定在蜡片上，再用挂绳穿起来。在制作时，教师要提醒学生，禁止身体接触加热炉加热面板。

四、学生动手制作

【设计意图：以学生自己动手实践为主要形式，让学生在兴趣盎然的操作中，学会加热、溶解、倒模的基本操作，启迪学生的思维，并加入自己的创意，制作具有个性的香薰蜡片和水果蜡灯】

1. 学生动手操作，在操作过程中优秀的作品可以用平板电脑拍照上传，进行实时展示。其他学生可以参照大屏幕上的创意进行补充。

2. 教师巡视，并指导其将问题进行梳理。教师将搜集到的创意写到黑板上，同学们可以学习交流，并不断补充，将新的创意加入自己的制作过程中。

五、展示作品，交流经验

【设计意图：让学生以主人翁或探索者的姿态去参与获得知识的全过程，促进学生主动、能动的学习。在经验分享中发现问题，研究问题，解决问题。通过观察、思考和分析，加深学生的感性认识，培养学生的操作技能。对学生动手操作的实践进行合理评价，促进学生参与实践活动的积极性】

1. 学生以四人小组为单位，分享作品，交流经验，并在组内选出最佳作品和最富有创意作品。

2. 将制作过程出现的问题进行记录。并提出：注意表述要清楚、简练。

3. 选取小组代表展示自己的作品，并分享经验。

4. 对于实验中出现的问题，进行分析，补充和归纳总结，找出解决的办法。

5. 结束后，引导学生整理实验用具，将桌面整理干净。

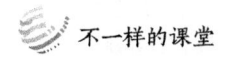

【教学反思】

在这节主题确定与实践的课堂上，我不断激发学生的主体性，从学生的身边熟悉的事物说起，让学生思考生活中的蜡以及蜡的作用。把生活融进课堂，以此来激发学生的兴趣。当让学生说身边有哪些蜡的时候，每个学生情绪高涨，争先恐后地说着自己身边的所见所闻，所了解的知识，动手实践的兴趣极高。我积极配合，适时地引导、激发，引导学生回答，不断凸显学生主体地位。学生积极参与，兴趣极高，主题的确定就水到渠成了。

由于香薰蜡片以及水果蜡灯与生活贴近，我引导学生提前查阅相关资料并让学生提前携带了水果壳和棉线，学生能参与其中。学生在参与的过程中积极主动，兴趣昂扬。学生获得参与实践的亲身体验，积极与同学交流经验，不断加入自己的创意，并互相学习，取其精华。

从本节课中我也明白了，活动课程看似简单，实际上需要了解大量相关知识，查阅很多材料，预判可能出现的情况并找到解决的方法。在具体的实践操作中，个别组出现了制作粗糙的情况。教师引导学生对其分析，学生发现由于蜡液凝固的速度快，无法在短时间内在模子中搅拌均匀，导致蜡片粗糙不成形。因此，学生提出解决办法，可以选择在待蜡液凝固后，取出，放入化蜡锅重新融化，搅拌均匀后再倒入模子中。我鼓励学生根据分析的解决办法进行操作。通过实践课，我也体会到，在引导学生开展实践活动时，一定要引导学生规范示范操作，保证实验的安全。在安全的前提下，鼓励学生多多加入自己的创意。

在香薰蜡片与水果蜡灯的制作中，我和学生都收获满满，将成品送给老师、同学和家人。我们又将制作好的漂亮精美的香薰蜡片和水果蜡灯放到实验室，跳动的火焰营造着温馨浪漫的气氛，闻着淡淡的清香，更体会到了成功带来的喜悦！我们笑称：可以摆摊啦！

（郑州市第七初级中学　王　圆）

活动 17　茶文化

【活动背景】

茶文化在我国具有悠久的历史，学生对中国的茶文化也越来越感兴趣。结合郑州市金水区文化路第三小学位于北茶城的便捷地理位置和不少家长开有茶社的社会资源，同时为了在教学中培养学生的实践能力、调查能力、总结能力，从而培养学生对中国茶文化的热爱，所以我校把"茶文化——健康品饮毛尖茶"作为五年级常态化实施的活动主题。

中期交流处于活动开展的中间环节，活动开展到一定阶段，学生们在活动中遇到了一些亟待解决的问题，这些问题已经阻碍了学生下一步活动的继续开展。学生急需教师对一些共性的问题进行指导，帮助他们找到解决问题的方法，于是中期交流课应运而生。

【学情分析】

本节课是四年级下学期的课程，四年级的学生已经具备的能力有：
1. 具备自主开展活动的能力。
2. 能根据活动进行总结和反思。

本节课需要提升的能力：
1. 要从多方面入手对小组活动进行及时的总结与反思，养成及时记录活动内容的好习惯。
2. 能合理计划下一步的活动，并根据实际情况完善小组活动。
3. 继续提高学生发现问题、分析问题、解决问题的能力。

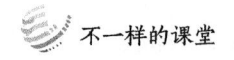

【活动目标】

1. 通过汇报交流，学生进行经验分享，明白交流课的重要性。

2. 通过小组合作完成设计汇报方案，培养学生的总结、表达能力以及发现问题、分析问题、解决问题的能力。

3. 通过课堂师生互动交流讨论，养成学生对活动不断进行完善的好习惯，在交流中培养学生乐于交流、善于分享、互相反思与促进的学习态度。

【活动重点】

学生能够根据前期活动进行小结，梳理遇到的问题。

【活动难点】

在学生之间的交流和教师的引导下，大家出谋划策，帮助问题得到有效解决。

【活动流程】

本节课共设计六个流程：①回顾前期活动，导入本节内容；②汇报活动情况，共同分享经验；③分析解决问题，提升小组能力；④运用获得的经验，完善下一步计划；⑤评价总结；⑥总结课堂情况，安排后续活动。在实施过程中教师准备好课件和小组评价表，学生准备小组活动汇总表以及前一阶段搜集的相关资料和活动记录。

一、回顾前期活动，导入本节内容

【设计意图：循序渐进，引导学生回顾前期活动，为本节中期交流课做好铺垫】

教师播放前期学生活动的图片，让学生回忆前期都进行了哪些活动，取得了哪些成果，激发自豪感、成就感。

二、汇报活动情况，共同分享经验

【设计意图：本环节的设计可以说是中期反馈交流课的灵魂所在。

学生在汇报过程中相互交流经验，发现问题，为下一步解决问题做好铺垫】

1. 小组汇报活动开展的进度、资料类型及遇到的问题。
2. 小组逐一汇报，其他小组点评。

三、分析解决问题，提升小组能力

【设计意图：本环节旨在让学生将发现的问题总结归纳，并通过讨论找到解决问题的答案】

1. 教师指导学生将问题卡贴在黑板上，问题预设有：

（1）用盖碗泡茶时，热水烫着手。
（2）采访时没有自信。
（3）采访获得的答案不一致。
（4）不知道如何筛选、归纳搜集到的资料。
（5）采访对象不配合。
（6）有些成员活动不积极。
（7）小组成员活动时不团结。

解决策略：

（1）集体讨论，找到解决每个问题合理的方法。
（2）教师引导进行小结。

解决的方法：

（1）多练习，向有经验的同学或老师请教正确的泡茶方式。
（2）要自己鼓励自己，给自己加把劲，平时多练习。
（3）采用多种研究方法来验证。
（4）在不断地阅读和理解中可以更好地对资料进行筛选归纳。
（5）在采访时要注意礼貌，将来意说明白，这样被采访人会更容易接受采访。
（6）可以采用相互帮助的办法，积极的同学帮助不积极的同学，相互鼓励，激发这些同学的积极性。
（7）事先制订好活动计划，由小组长协调安排活动的开展。

四、运用获得的经验，完善下一步计划

【设计意图：通过交流经验，找到解决问题的策略。使学生反思小

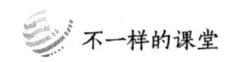

组在活动中遇到的问题，制订新的活动计划，并继续开展研究活动，达到促进的作用，为最终的汇报展示做准备】

1. 学生分享经验，提出问题，小组结合"下一步计划"，用不同的颜色进行修改。

2. 小组合作进行修改，教师巡视指导。

3. 学生展示交流。教师指名小组上台展示汇报修改后的计划，并谈一谈为什么要这样修改。教师根据具体情况指导2~3组同学进行汇报。

五、评价总结

【设计意图：对本节课学生的表现做常规评价，达到鼓励学生的目的，促进小组活动积极开展与展示】

教师从小组分工、小组创意、小组展示、小组协作四个方面引导学生互评。

六、总结课堂情况，安排后续活动

【设计意图：总结本节活动重点内容，提出下一步活动目标】

1. 教师总结：同学们，通过这节课的汇报交流，我们知道要想使活动获得圆满成功，就需要我们大家齐心协力、团结一致，人人承担责任，运用多种研究方法，付出自己的努力。相信大家会越做越好。

2. 安排小组成员根据修改过的活动方案继续开展活动。

【教学反思】

中期交流课，是在学生活动进行到一定阶段，教师根据学生开展活动的情况，有针对性进行指导、点拨与督促，进行阶段性研讨和交流，促进学生实践活动不断持续、有效和深入地开展。

这类课，我觉得我们的目标定位在：①分享与鼓励：展示前期的活动过程，进行成功经验的交流和共享，放大学生在活动过程中的闪光点，不断地鼓励学生。我们知道综合实践活动指导课真正追求的是让学生在活动的过程中丰富和完善自我；②解惑：对学生在前期活动过程中存在的一些共性问题、疑难问题进行解惑，进行方法和技巧上的指导；③激励：挖掘新的问题或生成新的目标为下一步的活动指明方向，激励学生成功。

在中期指导中，作为指导老师应该从知识传授者到学生学习的组织者、指导者、参与者的角色转换，同时，发展自我的实践能力，使自身与学生在综合实践活动中一起成长。

(郑州市金水区文化路第三小学　周梦思)

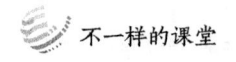

活动18　洛阳探秘之旅

【活动背景】

这两年，郑州市金水区实验小学根据课程设计，已经带孩子们去过北京，绍兴，开封等地方，学生非常喜欢参与研学活动。这次在"我的家乡在河南"主题课程中，将更多的主动权交给孩子们，根据师生的讨论和交流，我们确定去洛阳。具体安排也尽量尊重学生的选择。因此，我们在研学活动的前期准备中，除了调查资料，阅读相关的书籍，提出自己的想法，根据学生们的兴趣点，来选择研学活动开展的地方，并且一起商定研学路线。"一起去调查"是学生在研学中需要掌握的基本方法。根据这一教学内容设计了研学系列活动。通过对洛阳的历史、经济、艺术成就等方面的了解，围绕学生提出的研学问题进行实地考察，在此过程中，使学生掌握调查的基本方法和思路，提高认识，在实践中提升学生解决问题的能力。

【学情分析】

在此之前，孩子们已经具备了独立查找资料，小组合作讨论，提出相关研究问题等能力。这节课，重在培养学生根据小组问题选择相关的研学地点，并且设计出一天的研学行程。在这个过程中，提高学生的实践能力，培养学生团队合作意识，分工合作的能力，语言表达能力等。

【活动目标】

1. 通过小组汇报和有关洛阳的历史、人文资料，筛选出研学地点。
2. 利用网络、App 对研学方案进行优化，提高学生统筹、规划、时间分配等能力。
3. 通过活动中的交流、探讨，达成共识，增进学生间的感情。

【活动重点】

学生能够在原有的经验基础上，从多个方面考虑设计研学方案。

【活动难点】

学生能够根据研究的地点和主题，设计出一份可行、详细、重点突出的研学方案。

【活动流程】

本节课共设计六个流程：①回顾导入；②谈话引出主题；③设计行程；④学生活动，汇报反馈；⑤优化行程；⑥总结反馈。教师需要准备活动所需的 PPT、活动用纸，一人一个平板电脑。

一、回顾导入

【设计意图：回顾以往研学经历，交流研学收获。激发学生对研学活动的兴趣与向往，增进师生的交流，通过谈话建立良好的课堂沟通】

教师展示以往活动照片，唤醒学生的记忆，引导学生表达自己的想法，说出自己的收获。

二、谈话引出主题

【设计意图：让学生善于发现和提出问题，有解决问题的兴趣和热情；能依据特定情境和具体条件，选择制订合理的解决方案；具有在复杂环境中行动的能力等】

1. 老师引导学生将前期的研学准备资料进行归类，用简练的语言

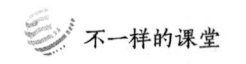

表达出来。学生除了分享已有知识,老师还要引导学生思考,提出可以实践的研学问题。

2. 组织学生归纳总结出解决问题的方法。(查找资料、讨论交流、实地考察。除此之外,引导学生思考去哪里展开调查研究,到了当地又要如何进行活动等问题)

三、设计行程

【设计意图:让学生应具备大胆尝试,积极寻求有效解决问题的方法等素养。因此,将研学行程安排交给学生来完成,不仅可以提高学生的团队合作能力,还能提高学生对互联网的应用能力】

1. 学生相互交流在行程设计中会遇到哪些问题。比如:距离的远近、主要活动场馆与次要场地、时间长短问题等。

2. 教师根据学生回答,小结:只有带着研究问题走出去学习、讨论、交流,从而获得新知才是真正的研学。

3. 小组围绕研究问题,确定实践地点,对一天的研学方案进行设计。

四、汇报反馈

【设计意图:本环节的设置主要考查学生的综合能力,包括:小组分工合作的协调能力、学生汇报时的思维逻辑性以及语言表达的连贯性】

学生进行小组汇报、交流设计中发现的问题。师生对于时间安排、场地间的距离等问题进行交流,沟通确定较为合适的方案。

五、优化行程

【设计意图:让学生应具有问题意识:能独立思考、独立判断;思维缜密,能多角度、辩证地分析问题,做出选择和决定等。因此,提供一个让学生思辨的环节很重要。通过提出质疑,从而进行反思,再对小组活动安排进行优化,才能形成一个完整的活动流程】

1. 学生利用App,搜索地点之间的具体路程和时间以及场馆信息。对行程设计进行小范围的修改,完善小组的行程设计。

2. 小组之间交流与互评,教师适时进行点拨。

六、总结反馈

【设计意图：对学生能力的提高给予肯定，并对下一步研学活动做出安排】

1. 学生汇报优化后的行程安排，师生进行评价。
2. 教师小结，提出课下对小组设计继续完善。

【教学反思】

本节课的设计，我把学习的主动权还给学生，让学生根据以往的活动经验进行自主设计、商讨、交流、完善、确定。学生积极参与活动，在活动中积极和同伴交流，提出自己的意见。学生在活动设计与交流中，能够积极发言，团结合作，围绕着研究问题，设计出各小组的研学方案，并且有针对性地进行优化。

孩子们虽然按照要求完成了行程安排，但是是否可行，活动能否顺利开展还需要实践的验证。同时，这也是研学的价值所在——让学生的思维和活动规划，在后期的活动中得以落实，即便失败，都将成为学生以后的经验。

学生对于网络的操作和应用掌握得还不是很好，操作起来比较慢，可见提高学生的实际操作能力还需要多次的实践。

（郑州市金水区实验小学　李沁芳）

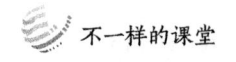

活动19　镜头下看世界

【活动背景】

郑州市金水区丰产路小学自2018年起，结合学生的生活实际、学校的职业体验学习、离校课程与信息技术相整合，开发与实施了"镜头下看世界"这一课程。通过摄影作品来形象承载和表达人的思想观念、情感态度和审美趣味，丰富学生的校园生活和精神世界。此课程，根据学生的身心发展水平，设计浅显易懂的课程内容与学习活动，从而形成依次递进、前后衔接的课程结构，以适应少儿在摄影方面的情感特征、认知水平和实践能力。课程意在通过实践活动、亲自操作、小组规划、搜集素材等学习方式，实现学习活动的综合性和探索性，使学生在积极的情感体验中发展观察能力、想象能力和创造能力，提高审美品位和审美能力，增强对自然、校园、社会的热爱及责任感，形成创造美好生活的愿望与能力。

【学情分析】

六年级学生开展了"职业体验"活动，学生需要拍摄体验过程时的照片，为最后的成果展示做准备。但学生在活动中拍摄的照片出现了许多问题，导致部分过程性图片无法上交使用，如模糊、光线太暗、拍摄角度看不清人脸等。而综合实践活动课程的丰富性、多元性、趣味性又要求学生要善于利用拍摄工具对活动过程进行适时记录，同时拍照也逐渐成为目前人们必须掌握的一项技能。为了能让学生熟练掌握这项技能，本次活动将针对上一学期的职业体验图片出现的问题进行方法指导，教会学生基本的拍照技巧。

【活动目标】

1. 了解摄影中光和角度的恰当使用，知道图片要突出主题、保持清晰。

2. 初步掌握摄影创作中的几个基本要素：突出主题、把握角度、清晰构图、用光适宜，进行摄影实践。

3. 在活动分享中，提高学生在生活中发现美、记录美的能力。

【活动重点】

学生能够发现活动照片拍的不够完美，在突出主题、把握角度、清晰构图和用光适宜方面存在一定的问题，并能了解相关的知识和技巧。

【活动难点】

学生能够初步掌握摄影技巧，拍出一张比较专业的照片。

【活动流程】

本节课共设计了六个流程：①谈话导入，明确主题；②猜谜游戏，学习新知；③现场拍摄，动手实践；④活动评价；⑤课堂总结；⑥作业布置。教师需要准备PPT、相机、手机等，学生需要每人准备一部手机，以便在课堂上进行现场的操作与实践。

一、谈话导入，明确主题

【设计意图：结合学生年龄特点告诉学生喜讯，有助于让学生体会到成功的快乐，增强自信，激起更多孩子参加活动的积极性】

同学们今天精神不错！上课前黄老师告诉大家一个喜讯，上学期我们的职业体验活动，获得了媒体的关注，《小学生学习报》的张编辑联系了我，要对我们的活动进行跟踪报道。但是张编辑也给我们提了

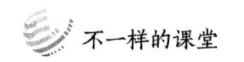

小小的建议，我们上交给报社的照片质量能再高一点就更好了。

二、猜谜游戏，学习新知

【设计意图：范例引导学生，能够帮助学生认真观察、关注细节，在观察的过程中学习查找问题并归因分析。便于学生感受课堂的快乐，激发学习积极性，掌握课堂新知】

1. 教师播放照片集，依次出示几个不同类型的职业，学生猜职业。

2. 教师播放职业体验活动时的照片，提出问题，学生交流，具体如下：

（1）学生观察第1张照片，老师提问：这是什么职业、这张照片拍的如何、你觉得原因是什么。学生交流，教师小结：图片清晰是拍摄的基本要求。

（2）学生观察第2张照片，引发问题，学生交流，教师小结：拍摄活动照片的时候要注意画面的完整性、人物所处的环境。

（3）学生观察第3张照片，引发问题。教师询问这张图片的问题出现在哪儿。学生交流，教师小结：在拍摄中光是如何利用的，并讲解光的知识：顺光、逆光、侧光，学生现场演示。

（4）学生观察第4张照片，引发问题：如果你是摄影师，你会站在哪个角度进行拍摄。学生交流，教师小结：讲解平角度、仰角度、俯角度拍摄知识。

3. 教师小结：看来拍照不是一件简单的事情，我们要注意照片的清晰度，还要准确拍出主题，同时要考虑到光线和角度的问题。

三、现场拍摄，动手实践

【设计意图：激发学生的兴趣，在实践中检验所学，突破教学难点。在及时分享与评价中鼓励学生互相学习，适时评价，体验综合实践学科学习的乐趣】

1. 教师要求学生利用手中的拍摄工具，在教室内、教室外寻找拍摄对象，并结合老师刚才讲的几个要素进行自由拍摄。

2. 大家进行分享，生生评价，教师适时评价。

四、活动评价

【设计意图：学生根据本节课的参与态度、获得的新知、提高的摄

影技巧以及解决问题的能力进行综合性的评价，重在活动过程的自我肯定和反思】

1. 学生拿出活动评价表，进行自评。
2. 学生根据评价交流本节课最大的收获、不足及努力方向。
3. 教师根据学生的交流进行评价小结。

五、课堂总结

【设计意图：总结本节课的知识，肯定学生的学习状态，激发学生下一步的学习信念】

教师小结：其实，我们要想拍出一张完美的照片，并不是一朝一夕的事情。这需要同学们根据不同的情景进行多次实践，才能总结出经验。包括老师，目前的能力也达不到。但是，我相信，只要我们根据今天所学的方法多应用到生活中，就一定会成为一个优秀的摄影师，加油。

六、作业布置

【设计意图：巩固而知新，进一步尝试所学所得，将知识得以实践，形成技能或经验】

课下自由选择主题及拍摄对象，结合本节课所学的几个基本要素进行实践，精选一张你最满意的图片，以"姓名＋作品名称"的形式发送至班级邮箱。

【教学反思】

本节课真正实现了小组合作，发展了每个学生的个性。我鼓励学生选择自己喜欢的合作伙伴组成合作小组，并让他们在小组内选择最想研究的子课题。在小组成员分配任务时，我让学生根据自己的特长选择自己在小组里承担的任务，给学生个性的发展创造了空间。这样做，使每个小组成员之间有了惺惺相惜的感觉，团队精神大大增强，为活动的开展打下了坚实的基础。

活动中让学生通过亲身体验，自己甄别、自行设计拍摄方案和主题，做到有所感受，有所发现，极大激发了学生的探究欲望，体现了

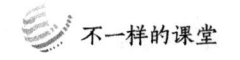

学生活动的自主性。在活动中，教师引导学生在完成分内工作的前提下帮助别人、协助别人开展调查研究，使学生在活动中不再是坐享其成，尽可能使每个学生都获得参加综合实践活动的积极体验和丰富的经验。学生在自主、合作、探究的过程中，也逐步学会评价，学会求同，学会补充，学会合作，学会做人。可谓"收获尽在过程中"。

（郑州市金水区丰产路小学　黄莹莹）

活动20　舌尖上的金水

【活动背景】

金水区是河南省郑州市的中心城区之一，因春秋战国时期发源于辖区内的金水河而得名，是河南省政治、经济、文化、金融、信息中心。辖区经济繁荣、交通便利、美食众多，拥有得天独厚的区位优势和美食文化。

五年级学生好奇心强、求知欲旺盛，对美食文化有自己独特的理解，他们经过小组讨论决定开展——"舌尖上的金水"主题活动，展开对金水美食的探究。他们乐于研究美食文化并大胆尝试制作，在了解美食文化的过程中感受经济繁荣对美食的影响，在制作美食和品味美食过程中体验满满的幸福感和获得感，激发学生对美好生活的向往，增强学生对郑州的自豪感和热爱！

【学情分析】

五年级学生对综合实践这门课程有比较浓厚的兴趣，经过三、四年级综合实践活动课的学习，学生初步掌握了调查、访问、设计调查问卷等基本技能。本次活动旨在指导学生提高互助解决问题的能力，多视角的思维能力、表达能力、合作能力等，进一步培养学生职业兴趣，形成正确的劳动观念和人生志向，能够热爱生活、热爱郑州。

【活动目标】

1. 在汇报展示中，培养学生表达能力、合作能力、总结和反思能

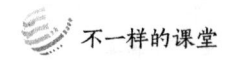

力、评价能力。

2. 在小组交流中，培养学生乐于分享、会欣赏别人、善于反思的学习习惯。

3. 通过品尝、调查、制作等活动，培养学生热爱金水美食文化的情感。

【活动重点】

能够将研究的过程和成果与同伴一起分享。

【活动难点】

在交流中培养学生善于反思和评价的能力。

【活动流程】

本节课共设计四个流程：①回顾前期活动，导入本节内容；②小组交流研究成果，教师点评指导；③运用获得经验，学会点赞；④总结提升。

一、回顾前期活动，导入本节内容

【设计意图：引导学生回顾前期活动，为本节汇报交流课做好铺垫】

教师播放视频，回顾前期活动内容。

同学们，前一段时间我们班开展了关于"舌尖上的金水"这一活动主题。大家经过讨论交流确定了子课题，又根据兴趣，结合小组，制定了小组活动方案，开展了各种研究活动。老师相信同学们一定有很多收获和体会，这节课我们一起分享收获、分担困惑，进行成果交流展示。（板书：成果交流）

二、小组交流研究成果，教师点评指导

【设计意图：本环节学生在汇报过程中相互交流经验，在交流中培养学生乐于分享、善于反思的学习习惯，培养学生多视角的思维能力、观察能力、表达能力和合作能力等核心素养】

（一）教师提出汇报任务

同学们，我们以"舌尖上的金水"为主题已经进行了多次的交流

和讨论，各小组也开展了丰富多彩的子课题实践活动，那么活动的成果如何呢？

（二）师生总结汇报要求

1. 学生根据以往经验交流汇报的要求，教师随机肯定并板书。

2. 教师提醒各小组，根据评分标准，按照客观、公正的原则对汇报的小组进行评分。

（三）教师出示设置奖项

设置"最佳创意奖""最佳表演奖""最佳合作奖""最佳倾听奖"，进行多元化、个性化的奖励。

（四）小组分别展示交流

小组1：金水人们最喜欢的火锅调查与研究。

1. 小组成员通过前期的调查，设计了调查问卷，结合问卷内容利用PPT展开分析，总结出海底捞火锅受欢迎的原因。

2. 小组调查完海底捞的企业文化后研究出开一家受人欢迎的餐厅的秘诀，并设计出自己将来要经营火锅店的全新理念。

小组2：金水面食文化的探索与发现。

1. 该小组成员全面调查了金水区域内有特色的面食店，深入了解了人们最喜欢去的萧记烩面、合记烩面，从服务、环境、价格、味道等方面通过PPT论述自己的观点。

2. 小组成员把观察和理解汇编成情景剧，声情并茂地展示金水面食文化的特点。

小组3：金水人们最喜欢的特色美食调查与研究。

1. 该小组成员利用周末实地调查了金水区域内有特色的美食，调查了人们最喜欢吃的特色美食胡辣汤，从胡辣汤的前世今生、分类、配料等方面利用PPT展示自己理解。

2. 小组成员用快板和三句半介绍胡辣汤的特点。

小组4：金水区域美食地图的制作与研究。

1. 该小组成员搜集了各类美食的地理位置，把这些资料进行了整理和分类，绘制成地图式绘本故事。

2. 小组成员介绍纸质地图式绘本。

3. 小组成员利用编程设计美食地图。

小组5：金水人们最喜欢的甜品糕点调查与体验。

1. 该小组成员走访了金水区人们最喜欢的甜品糕点店，通过问卷调查出哪些甜品最受欢迎。

2. 小组成员在调查的过程中发现一种既好吃又好做的甜品——肉松小方，并进行了现场制作与美食分享。

三、运用获得经验，学会点赞

【设计意图：成果分享能帮助学生梳理其研究过程，反思能批判性地看待团队的优缺点，并为下一个项目学习奠定基础】

1. 通过互相汇报交流，促使学生深入思考。教师提出：

听完同学们的分享，你有什么感受。每个人的能力和智慧都有很大的挖掘空间，他山之石可以攻玉，哪个组的汇报让你有所感触，你准备怎么向他们学习，为团队做出自己独特的贡献呢？请小组讨论三分钟，一会儿我们进行交流。

2. 学生分享感受和评价，教师引导评价。

3. 小组讨论交流，根据评分量表要求，选出优秀小组。

4. 选出最有创新、最有特色的小组，根据投票结果，颁发奖项。

5. 引导各小组反思收获和不足。

四、总结提升

【设计意图：综合实践活动评价的多元价值取向和多元标准，就是要尊重每一个学生的意愿，以个人能力寻求自我发展的途径，引导学生认识自我、分析自我、反思自我、提高自我，帮助学生形成良好的自主发展能力】

同学们，我们通过这节汇报课，得到了许多收获，也开阔了眼界。小组活动过程中，通过上网查找资料，培养了同学们对知识的选择和筛选的能力；通过调查和采访，培养了同学们社会实践的能力；通过小组分工合作，培养了同学们的协作精神。通过对"舌尖上的金水"的研究，提高了对美食的鉴赏能力，你们在实践活动中的感悟和收获必将在你们成长的人生道路上写下灿烂的一笔。

【教学反思】

本节课给予了学生广阔的展示与交流的空间，让学生在轻松愉悦的氛围中进行分享、评价、反思，教师给予充分的肯定和赞许，构建了有温度、有广度、有深度、有专业度的课堂文化。

学生在探究活动中发生了很多值得分享的故事。"金水区域美食地图的制作与研究"小组，发现金水区地广人多，美食数不胜数，怎样才能制作出受欢迎、有价值的美食地图呢？学生从发现问题之后，就将思路聚焦到——如何通过一系列的方法和手段找到问题的答案？一位编程社团的学生提出了一个很好的建议，他说："我们可以用生动的动画展示出动态的美食地图，这样大家喜闻乐见，而且后期修改也很方便。"听他这样一说，学生们一致认为这是一个很好的解决问题的方法。未来教育是在"大数据""云计算""人工智能""互联网+"四大新兴信息技术进入教育领域的背景下出现的教育需求。这一点对我的感受很深，我们教师一定要在课堂上变革学习方式，让学习真正发生，让学生更好地迎接人工智能时代的到来，适应未来的发展。

本次活动，学生采用多样化的学习方式，提高了关键能力，习得了必备品格，进行真实的学习、真实的实践，通过到课堂外调查与实践，还获得对职业生活的真切体验，形成正确的劳动观念和人生志向，提升了生涯规划能力。

(郑州市金水区四月天小学　李　亚)

第四篇　智慧共享

教育中应该尽量鼓励个人发展的过程。应该引导儿童自己进行探讨，自己去推论。给他们讲的应该尽量少些，而引导他们去发现的应该尽量多些。

——斯宾塞

活动21　小小人才交流会

【活动背景】

为了进一步培养学生对综合实践活动这门课程的兴趣，提高学生的实践探究能力，在实施内容上仍从学生最熟悉、最感兴趣的方面入手。

三、四年级的学生结成小组时往往重视人际关系的亲疏或者学习的好坏，而轻视小组成员的个人特长，不能形成优势互补。出现有的学生找不到小组，有的小组人员过剩；学习好、综合实力强的学生集中到一组，学习差实力弱的学生结合在一起；甚至个别学生因为自卑，干脆破罐破摔，置身事外，失去对活动的兴趣。这些现象将直接影响到活动效果，所以，指导学生如何结成活动小组就显得尤为重要。

【学情分析】

三、四年级学生已具备的能力有：

1. 知道组成小组的基本原则。
2. 能够发现自身优点和其他同学的优点。
3. 能够明确自己真正感兴趣的问题。

通过本次活动课，需要提升的能力有：

1. 能够结合学科特点，发现同学身上的优点和特长，颠覆学生以成绩定等级的观念，小组结合遵循"优势互补"原则，为下一步的小组分工协作、完成任务做好准备。
2. 能够从兴趣出发，寻找兴趣基本相同、研究方向一致的同学结

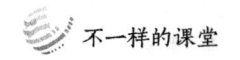

合成小组。

3. 引导弱势学生发现自身优势，主动向别人推荐自己，增强学生的自信心。

【活动目标】

1. 通过招聘活动，发现自身优势，学会自我推荐。
2. 通过组建活动，提高解决问题及与人交往的能力。
3. 在活动中，培养与他人和睦相处、正确看待他人优势的交友品质。

【活动重点】

引导学生以活动开展的需要为出发点，发现自己和他人的优势，遵循优势互补的原则成立活动小组。

【活动难点】

落单的学生能够在教师的引导下、大胆的自我推荐下，成功加入小组。

【活动流程】

本节课共设计六个流程：①回顾前期活动，激发兴趣，导入新课；②负责人做宣传，介绍本组优势；③第一轮现场招聘；④第二轮招聘；⑤调整座位，确定组名口号；⑥课堂总结，布置后续活动。本节课前，教师需要做好教学课件，各组的负责人需要做好招聘桌牌，其他学生则需要准备最能说明自己特长或优势的有关资料。

一、回顾前期活动，激发兴趣，导入新课

【设计意图：引导学生回顾前期活动，创设"人才交流会"情境，激发学生参与活动的热情】

1. 回顾前期活动。
2. 各组负责人依次登场。

二、负责人做宣传，介绍本组优势

【设计意图：引导学生明确结合小组的条件。通过各小组负责人的介绍，了解各组优势，为下一步的选择做准备】

1. 教师公布本次人才交流会的招聘条件。

主要从四个方面提出要求：①对本主题感兴趣；②能为课题研究提供一定帮助；③男女比例均衡；④小组人数。

2. 负责人简单介绍本组的招聘策略，宣传自己小组。

三、第一轮现场招聘

【设计意图：模拟人才招聘现场，给学生充分自主的交流空间，鼓励学生选定目标小组后，大胆自我推荐】

1. 学生沉思，确定自己的选择。教师提醒学生要综合考虑，认真思考，首先确定第一选择，然后再确定第二选择。

2. 学生进行第一轮招聘，各组负责人现场招聘，确定留下的人员及推荐给其他组的人员。

预设一：有些小组非常热门，选报人数特别多。

解决策略：根据负责人的要求，选报人员现场 PK。

预设二：有些小组几乎无人选报。

解决策略：让小组负责人突出优势，再次诚恳推介本组。

3. 各位负责人，现场公布本组的招聘情况。

四、第二轮招聘

【设计意图：了解各组情况，鼓励差额小组与落选学生积极互动，达成共识】

1. 教师了解第一轮招聘后的落选情况。

2. 学生进行第二轮招聘。

预设三：个别学生不敢去面试。

解决策略：肯定这个学生的优势，鼓励他大胆自荐。或者引导小组负责人发现其优势，争相邀请其入组。

五、调整座位，确定组名口号

【设计意图：通过组名和口号的确定，增强各小组成员的归属感和

凝聚力】

1. 按新成立的小组快速调整座位。
2. 讨论并填写小组名称、口号。
3. 各组汇报组名和口号。

六、课堂总结，布置后续活动

【设计意图：总结本节活动内容，提出下一阶段活动任务】

同学们，通过今天的交流，我们知道了每个同学的特长，只要有合适的舞台，都会发出耀眼的光芒。我们还要多给自己一些选择的空间，积极自我推荐，这样更有助于我们获得成功。

经过努力，新的活动小组终于成立了。课下请各小组继续完成简介表，并尝试拆分子主题，提出具体的研究问题，为下一步制订小组活动方案做好准备。宣布：××班第一届"小小人才交流会"圆满成功！

【教学反思】

在教学中我发现，三、四年级的学生结合小组时，往往只重视人际关系的亲疏或者学习的好坏，而轻视小组成员的个人特长，不能形成优势互补。这将直接影响到活动效果，所以，指导学生如何结合活动小组就显得尤为重要。我以"人才交流会"的形式设计这节课，颠覆学生以成绩定等级的观念，引导弱势学生发现自身优势，勇于自荐；引导小组负责人根据活动的需要，本着"优势互补"的原则，招聘"人才"。活动设计层层深入，助推了活动目标的达成。

注重学生在充分准备和真实情景下的参与及感悟。首先通过各种途径，初步了解人才交流会，然后充分做好参加交流会前的准备工作。各位负责人从研究主题、研究价值、意义、预想成果、自己能力的介绍、招聘条件等方面，写好招聘语。各位同学想一想自己有什么特长或优势，能为课题研究提供什么样的帮助，并提供相关的资料作为证明。这样，课堂中教师就能省去很多指导环节，把课堂更多地交给学生，课堂气氛也会活跃起来。

这节课圆满达成了三维目标，体现了综合实践课的真正价值。孩子们在"小小人才交流会"的情境体验中，明白了成立研究小组应遵循的原则，明白了自身的优势，增强了自信。这样成立的小组，也为下一步活动的顺利开展做好了铺垫。

（郑州市金水区文化路第一小学　邢青云）

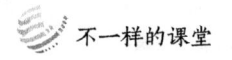

活动 22　成立我们的小组

【活动背景】

　　天天生活在郑州这个大城市的小学生，生活幸福快乐，然而孩子们真正对家乡有多了解？"谁不说俺家乡好"这一综合实践活动就是从这个初衷出发。本次主题活动以"谁不说俺家乡好"为核心，让孩子在老师的帮助指导下，从自己感兴趣的问题入手，自主制定关于家乡的若干研究课题，通过对历史典故、发展变化、风景名胜、家乡特色四方面的合作调查、采访、访问、信息收集与处理等探究活动，让学生感受到家乡的美丽，培养学生热爱家乡，赞美家乡的感情，使他们形成积极向上的人格，促进学生的和谐发展。

　　成立小组，是综合实践活动课程实施步骤中必经的一个活动环节，意在以后的活动中大家能够分工合理、齐心协力、互相帮助，共同解决问题，顺利完成小组的研究任务。因此，小组的成立以及小组文化的建设尤为重要。

【学情分析】

　　四年级孩子在三年级时已经经历了两次小组组建活动，虽然记得组建小组原则，但并非能在实际行动中都得以体现。四年级还是需要培养学生组建小组的规范性，从而促进活动的开展，体现小组合作的活动方法的独特价值。本次活动进一步培养学生组建小组的规则意识、协调能力，以及创建小组文化的能力。

【活动目标】

1. 根据研究内容划分小组，确定组长，设计自己小组的组名、口号、组标。

2. 学生能有重点地展示自己小组的组名、口号、组标。

3. 在活动中，体验小组合作的重要性，能够创新地进行设计小组文化。

【活动重点】

学生紧扣主题进行小组文化的建设（组名、口号、组标的设计）与设计。

【活动难点】

每个学生都能根据自己的研究兴趣结合成功。

【活动流程】

本节课共设计了六个流程：①导入；②分组；③确定组长；④设计小组文化；⑤小组展示；⑥活动总结。教师需要准备教学 PPT、色卡纸等，学生需要携带档案袋。

一、导入

【设计意图：复习导入，明确研究小课题，了解活动内容，兴趣入手，使学生明确活动过程中，只有小组合作才能圆满完成任务】

1. 回顾学习内容。

同学们，通过前两节课的学习，我们将实践活动的主题确定为"谁不说俺家乡好"，并一起开发了四个研究内容，谁来说一说是什么。（出示 PPT：①历史典故；②发展变化；③风景名胜；④家乡特色），你对哪一项研究内容比较感兴趣？谈谈原因。

2. 教师引发问题：是不是接下来我们就可以开始活动了。

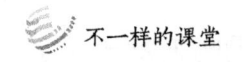

3. 学生谈理由，教师随机板书本节课课题。

二、分组

【设计意图：学生明白分组原则，参与分组的过程，尊重学生的选择，体现课堂的民主】

1. 学生根据经验交流，分组建议，老师随机小结。预设，如下：

（1）按自己的兴趣找小组，不能因为关系好为一组。（兴趣相近）

（2）不能这一组人很多，那一组人很少。（人数适中）

（3）不能男生一组，女生一组。（男女搭配）

（4）能写的会画的可以分成一组。（优势互补）

2. 教师小结：一个理想的小组只要结合了这些因素，就会使活动更顺利。

3. 学生根据以上四个原则，开始自主组建小组。

4. 教师巡视，发现问题，及时给予点拨。问题预设，如下：

（1）如果分好小组，教师给予肯定。

（2）如果出现人多人少现象。

教师引导：老师看到对××研究内容感兴趣的孩子比较多，大家不由自主地就组到了一组，人多力量大，可也有不足。想想哪些不足，来说一说？（不容易组织、意见不统一、不适合活动开展）

（3）如果出现男生一组，女生一组现象。

教师引导：老师看到有兄弟、姐妹坐在一起的情况，同学们谁说说成立这一小组的想法。（兴趣相投）男生在一组的优势是什么，（实践能力强、操作性强、活动面广、勇于创新）那女生也有女生的优势啊，她们细心、认真、谦让、善于合作，如果男女生一起研究会发挥更大的作用。老师提个建议：男同学们能邀请其他组的女生加入你们组吗？男同学们准备怎样邀请？可以告诉女同学们你们研究的内容是什么？活动中可能会有哪些有趣的活动？以及人力资源上的优势？这里要让同学们享受到活动的快乐，注意态度要诚恳。

5. 小组展示，没有结合成功的了解原因，进行现场协调。

三、确定组长

【设计意图：参与、体验竞选和民主选举的过程，增强学生的自信

心和民主意识。锻炼、提高学生推荐与自荐、与人交往的能力】

1. 教师引发学生思考：什么样的人才适合当组长。学生发言，老师总结。

2. 选组长，并采访组长是怎么产生的。

预设：

1. 推荐选举，举手表决。

2. 票数相当，猜拳得出。

3. 毛遂自荐。

四、设计小组文化

【设计意图：设计自己小组的组名、组标、口号，提升小组的凝聚力，在小组合作的过程中，激发学生兴趣，发挥学生潜能，增长学生的智慧】

1. 小组进行团队文化建设，设计组名、组标、口号。

2. 小组合作，老师巡视与指导。

五、小组展示

【设计意图：通过展示交流，锻炼了学生的勇气，增强了与人沟通、交往的能力，促进小组成员的团结互助】

1. 小组展示，学生评价。

2. 小组根据合理的建议完善小组文化。

3. 小组再次展示，学生评价。

六、活动总结

【总结本节课所得所获，提出活动要求】

同学们，本节课我们一起进行了合理的分组，确定了组长，每个组的成员对自己小组进行了建设，起了组名、口号和组标，真了不起。下一步我们就要制订活动计划了，我相信，我们下一步的活动在你们核心人物的带领下，一定会开展得更棒。

【教学反思】

分组、分工是合作学习的关键。在课堂教学中，为了提醒学生的

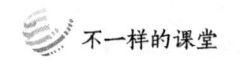

合作意识，更加方便学生进行合作学习，让学生分好组、分好工。在分组和小组分工时我给学生充分的空间，让学生自由结合。活动前，明确要求。分组后，进行有效指导，明确小组内每个成员的分工，使每个成员都有事可做。

在活动中教师要适当点拨、引导，让学生体验到合作的快乐。学生开始进行小组合作学习时，对于合作的方法、技巧、目的老师要进行适当的点拨引导，了解学生小组合作学习情况，发现问题及时指出，适当调整，让学生在合作学习中体验快乐，从而激励学生更加踊跃地合作学习。

尤其是在活动最后展示交流环节，给孩子们带来了无形竞争，让小组的合作更加有效，有竞争才会有动力。我在最后一环节交流汇报时渲染气氛，主张学生勇敢展示，同时对比哪一组的设计更具风采。在竞争下总会收到意想不到的效果，每一个人、每一个组都会尽自己最大的能力表现自己。而且在下一次的实践活动中，同学们会更加懂得团结协作，互相帮助。

（郑州市金水区文化绿城小学　邹　静）

活动 23　奇妙的纸世界

【活动背景】

在日常生活中，有柔软的卫生纸，平滑的打印纸，写毛笔字的宣纸，画画用的美术纸……纸与我们朝夕相处，它是我们学习的好伙伴，也可以说是无处不需要纸，纸，有着自己独特的魅力。二年级的孩子随着年龄的增长，知识与经验不断丰富，他们变得越来越好奇，对身边的事物——纸，产生了兴趣。综合实践活动是从学生的真实生活和发展出发，从生活情境中发现问题，转化为活动主题。因此，生成并设计了——"奇妙的纸世界"这一活动主题，让学生在自主的探索活动中感知、体验、积累经验，提高学生的综合实践能力。

二年级的学生能根据学校开展的各种主题活动进行最基本的汇报展示形式，如，图片、视频等形式。为了使展示内容更加丰富完整，展示形式更加新颖生动，学校决定开展一次汇报展示前的指导课，进一步提高学生共同绝解决问题的能力，逐步提升孩子们的思维能力。

【学情分析】

低年级的学生入校不久，根据其身心发展特点，对综合实践活动课程不能进行全面系统的了解。但是，我校从起始年级开始注重学生经历此课程，在经历每一个阶段的过程中侧重于浅显易懂，不具体不深入，从而使学生通过两年的实践探究学习，初步体验确定主题，结合小组，汇报展示等基本课型，为三年级深入细致地开展活动做好充足的积淀。

【活动目标】

1. 通过讨论交流，了解汇报展示的基本内容和形式。
2. 通过小组合作，熟悉汇报方案的基本环节，并完成汇报方案。
3. 通过本节课的学习，感受与同伴分享的乐趣。

【活动重点】

通过讨论交流，了解汇报展示的基本内容和形式。

【活动难点】

通过小组合作，熟悉汇报方案的基本环节，并完成汇报方案。

【活动流程】

本节课共设计了七个流程：①回顾导入；②讨论交流，汇报内容；③选择合适的汇报形式；④如何进行小组分工；⑤小组完成汇报方案表；⑥其他注意事项；⑦教师总结。教师需要准备学生前期探究活动过程中的视频课件及设计汇报方案表，学生需要准备本小组在前期研究过程中的资料。

一、回顾导入

【设计意图：通过教师的谈话及学生观看视频，对前期活动进行回顾，引出本节课所要进行的内容】

1. 谈话导入，通过活动主题"奇妙的纸世界"，提问：每个小组都研究了什么子课题？

六个子课题分别是：

（1）纸是谁发明的，他与纸有什么故事。

（2）常见的纸都有哪些。

（2）纸是怎么制造出来的。

（4）哪种纸更吸水。

（5）我会用纸做什么。

（6）节约用纸有哪些小窍门。

2. 播放在家长带领下，学生在研究子课题过程中的短视频。（视频回顾）

二、讨论交流，汇报内容

【设计意图：通过师生之间的交流与讨论，教师根据学生回答的情况进行追问，并引导总结出需要汇报的内容有：研究子课题、研究结果、研究过程、研究感受、困难和办法】

教师引导学生进行下阶段汇报展示会，每个小组都要上台展示，引发思考：最想分享些什么和小伙伴们。

1. 教师引导学生围绕研究的子课题以组为单位进行发言。

预设学生1：想和小伙伴们分享纸可以剪窗花、画画、做手工、写字等。

教师小结出他想给大家分享的是研究结果。

预设学生2：想和小伙伴分享的是哪种纸更吸水。先搜集了三种纸：A4纸、卫生纸、牛皮纸，然后把这三种纸同时用水浸湿，最后观察哪种更吸水。

教师小结提出他是想给大家分享研究的过程。需要注意的是这是科学小实验，语言表述要准确。

预设学生3：想分享的是小组在搜集资料的时候，不会在电脑上筛选有用的资料，在图书馆查找书籍困难。

教师小结出他想给大家分享的是遇到的困难与解决的办法。

2. 学生在回答的同时，教师需有意的进行追问，鼓励学生总结出其他的汇报内容。

三、选择合适的汇报形式

【设计意图：学生通过已有的知识经验，知道基本的小组汇报形式，针对本次的小组研究活动，具体使用哪种汇报形式，经过引导和讨论，知道根据小组研究的问题和汇报内容，选择合适的汇报形式】

1. 针对汇报内容，提出问题：选择什么汇报形式。

2. 以小组形式进行讨论。

（播放轻音乐，教师参与小组讨论进行巡视）

3. 教师引导学生自由回答。

4. 教师根据学生的回答，如采用图片、视频的汇报形式，引出还有其他汇报形式，如实验展示形式、画气泡图形式、讲解式等。

5. 教师小结：根据小组研究的问题或汇报内容，选择合适的汇报形式。

四、如何进行小组分工

【设计意图：通过小组成员说一说、分一分，明白每个人都要有任务，都要有自己的职责，让学生明白小组合作的重要性，为下一个环节——完成汇报方案表做准备】

1. 根据汇报的内容，谈话引入：要汇报这么多的内容，打算一个人承担，还是选择小组分工共同完成。

2. 学生得出需选择小组分工共同完成。

3. 小组讨论如何进行具体的人员分工。

4. 教师引导学生说出自己小组的分工情况。

5. 教师小结出：小组要做到人人参与，每个人都有自己的职责和任务。还要考虑到小组成员的特长，做到了合理分配。

五、小组完成汇报方案表

【设计意图：学生了解了汇报内容，知道了汇报形式，明白了小组分工，通过汇报方案表进一步梳理，增强汇报展示所要具备的能力】

1. 教师指导学生观察汇报方案表，并讲解填写要求。

要求：

（1）以小组形式进行填写。

（2）根据汇报内容选择合适的汇报形式，用直线连一连。

（3）根据汇报内容进行小组人员分工，可以直接填写姓氏或其他简单形式。

2. 在小组长的带领下完成汇报方案表。

（再次播放轻音乐，时间为 8 分钟）

3. 选择 2~3 个小组进行展选择示汇报方案表，教师引导学生给予针对性的评价。

六、其他注意事项

【设计意图：通过引导学生畅所欲言，使学生明白在展示汇报中要想有出色的表现，还需要具有一些细节性的要求】

1. 教师提出问题思考：在正式的小组汇报展示中，还要注意哪些方面呢？

2. 学生自由讨论。

3. 教师小结出：声音方面要洪亮；动作方面要合适；神情方面要有感染力。

七、教师总结

【设计意图：教师总结本节课，鼓励学生为下一节课做准备，对学生寄以希望】

俗话说"台上一分钟，台下十年功"，希望各小组依照"展示汇报方案"多加练习，为下一节课汇报展示做好准备，老师相信，你们的汇报展示一定会很精彩！让我们期待下节课的到来。

设计汇报方案

研究子课：				
	汇报形式	汇报内容		人员分工
奇妙的纸世界	1. 讲解式 2. 图片展示 3. 实验展示 4. 视频展示 5. 实物展示 6. 气泡图展示	研究子课题 研究结果 研究过程 困难办法 研究感受	→ → → → →	（　） （　） （　） （　） （　）

【教学反思】

本节课是"设计汇报方案"的方法指导课，作为二年级上学期的学生，在选择汇报内容和汇报形式上产生自己的独到见解，善于总结，勇于表达自己内心的想法，为三年级丰富多彩的汇报展示做了充分的准备，进一步提升学生的综合实践探究能力。

在授课中，针对的是低年级的学生，为了激起学生的学习兴趣，我在前期搜集了大量的各个小组在探究过程中的视频资料，为本节课做好充足的铺垫，同时对学生也是一种视觉上的冲击，学生们欣喜的观看视频，帮助他们迅速的回顾本小组的研究成果。有了视频中丰富多彩的活动，学生在本节课接下来的环节中，自然而然的愿意参与活动中。

二年级的学生刚刚接触综合实践课不久，语言表述还需要再精炼、准确、活泼，语速放慢，营造一个轻松的学习氛围。

（郑州市金水区文化路第三小学　程晓璐）

活动 24　我的活动我评价

【活动背景】

郑州市金水区黄河路第一小学自主开发的设计制作类课程——珠趣，实施已近八年，在学生和老师中极受欢迎。它极大地提高了学生的动手能力和创新设计意识，增强了对美的追求，加强了学生学习与生活的联系。设计制作课是综合实践活动课程中的一个类型，活动实施有别于研究性学习，大致步骤为：确定主题—调查研究—搜集串法—独立制作—作品创新—展示评价几个阶段。经过几年的摸索实践，我们开发出几个学生喜欢也适合学生的主题活动，如"精美的串珠饰品""走近中国传统挂饰""丰收的果蔬""生肖串珠"，根据学生的喜好和能力自主选择。

本节课是在"生肖串珠"主题活动进行到最后评价阶段产生的，学生在之前经历了确定活动主题、调查亲友生肖、搜集生肖知识、了解制作方法等活动，并制作了精美的生肖串珠作品，活动接近尾声时，学生写出了自己的活动心得，分析了自己在这次活动中的表现，有的还写出了对别人的欣赏之词，写得十分真实、感人，这就是评价；了解自己，改进不足；发现别人，学会欣赏，这正是评价的作用。这说明学生不仅有评价的欲望，还有评价的能力和潜力。恰好这次活动已接近尾声，又到了对学生整体表现进行过程性评价的时候了，所以有了让学生试着进行活动评价的想法，真正体现评价的意义。

【学情分析】

五年级学生，对于串珠的基本串法和技能已有了一定的基础，他们喜欢动手，喜欢探究新的串珠造型，更喜欢与他们生活相近的串珠作品，所以他们对于本学期的生肖串珠十分喜欢，并积极地去学习。但是从自我认知的角度来看，学生对自己和他人的认知正处于不定型期，需要教师的正确引导，让他们以正确的心态和方式了解自己，欣赏别人，所以这节指导评价课就显得十分重要了。

【活动目标】

1. 学生在设计评价表、修改评价表的活动中，能正确认识评价的重要性和必要性，培养学生的评价意识和评价能力。

2. 在老师的指导下，了解评价表格的组成；明确评价主体及评价方式；自主探究、设计评价方案，了解评价内容涉及的各个方面，初步掌握设计评价表格的方法。

3. 在设计、交流评价表格的过程中，进一步加强合作意识；学会在评价中正确认识自己，了解他人，从而产生改进自我，欣赏他人的意识。

【活动重点】

学生学会从评价主体、评价内容及评价等级三方面设计活动评价表。

【活动难点】

学生能够根据研究的主题自主探究评价内容包括哪些方面，懂得评价内容要全面、合理、科学。

【活动流程】

本节课共设计了七个流程：①回顾导入，浅尝评价乐趣；②集思广益，确定评价板块；③分组讨论，设计评价内容；④交流补充，完善评价内容；⑤动手制作，完成评价表格；⑥展示欣赏，互评评价表格；⑦总结回顾，布置评价任务。在活动实施前，教师准备一些学生活动时的图片、生肖串珠作品及这节课所用的问题讨论卡。

一、回顾导入，浅尝评价乐趣

【设计意图：通过学生回忆，欣赏图片、作品，引导学生回顾活动的过程，在回顾中结合活动目标，对后期探究评价涉及哪些方面的内容进行初步的启发；让学生简单评价自己和同伴，初步唤醒学生评价的意识，发现评价的乐趣和意义】

1. 教师展示活动过程的图片，学生欣赏并回顾活动历程。

2. 教师展示部分学生的串珠作品，并欣赏。

3. 活动一："简单评价你和我"，用简单的话评价一下自己或小组成员在活动中的表现。

4. 教师小结：每个人在活动中发挥的作用都不同，得到的收获也各有不同。要全面认识自己、了解他人，就要发挥评价的作用。

5. 教师提出要求：试着设计一个能客观公正反映自己在活动中表现的评价表。并出示课题：《设计活动评价表》。

二、集思广益，确定评价板块

【设计意图：先调动学生的设计思维，对表格中的评价分成几个板块并进行大致分析，体现学生活动主动性，初步培养学生设计分析能力；再由老师给出三大板块涉及的方面，帮助学生疏理表格中包含的内容，为后期设计各板块的具体内容做好准备】

1. 教师引导学生分析表格里有哪几个板块。

三大板块：谁来评（评价主体）：你的表现由谁来评价。

评什么（评价内容）：从哪些方面对你进行评价。

怎么评（评价方式）：怎样描述你在活动中的表现。

2. 学生简单说一说对每一项内容的理解。

三、分组讨论，设计评价内容

【设计意图：在小组共同协商后，确定评价表中三个方面的具体内容，培养学生探究意识、规划意识】

1. 活动二："评价内容我来定"的活动要求。

2. 学生分组讨论，填写板块设计卡。

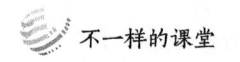

3. 教师逐一指导。

四、交流补充，完善评价内容

【设计意图：通过对各小组设计的评价方案进行交流、补充、分类、归纳，使学生真正了解评价表格中各项具体内容的设计方法】

1. 学生交流讨论的结果。

2. 教师重点指导学生对评价内容分类归纳并记录在黑板上。

预设一：学生提出评价内容可以是上课时的纪律、发言等课堂常规表现。

预设二：学生提出评价内容可以是合作和互助方面。

预设三：学生提出评价内容可以是串珠作品完成的数量和质量。

预设四：学生提出的评价内容出现重复或无价值及无法进行评价的。

解决策略：

1. 师针对学生提出的问题，全部板书在黑板上。

2. 师引导学生筛选有评价价值、好操作的内容。

3. 师指导学生对剩下的内容进行分类。

4. 师生共同归纳出小标题：①参与态度；②串珠技能；③方法探究；④活动感悟。

5. 教师指导学生提出补充和修改建议。

6. 师生共同确定具体内容：分为"谁来评""评什么""怎么评"三部分。

7. 各组修改完善各项内容。

五、动手制作，完成评价表格

【设计意图：根据前一环节的讨论，修改各板块内容；在亲自动手操作中完成评价表格的设计，培养动手能力和作图的良好习惯】

1. 活动三："动手来画评价表"活动要求。

2. 学生以问题讨论卡为基础，修改各项内容并画出格线，补充表头，完成评价表。

六、展示欣赏，互评评价表格

【设计意图：在展示中感受成就感，在互评中加深对评价表的认识】

1. 展示各组评价表，鼓励学生互评。
2. 教师适时点拨、肯定、建议。

七、总结回顾，布置评价任务

【设计意图：总结本课，布置下节课任务，并再次提出评价的意义，提升学生对评价的认识】

1. 学生回顾本课活动。
2. 老师布置课下任务：继续完善表格，并提出表格使用原则。

【教学反思】

这节课是以充分调动学生自主设计活动评价表为前提，唤醒学生的评价意识，发现评价的乐趣，并初步掌握设计评价表的方法，了解评价表的格式、内容，培养学生设计分析能力、探究意识和规划意识。

评价并不只是设计的过程性评价表，还有很多评价的时机，如成果展示时的评价，合作时的评价，中期反馈时的评价，甚至在课堂上的任何一个瞬间都可以评价，它可以帮助学生建立自信，拉近师生之间的距离。综合实践活动课程的开发，除了要规范教材、教法，更要有及时跟进的评价体系，没有评价，课堂就会渐渐走向无序，变成学生的一次次手工制作；没有标准，就失去对学生活动的认可及能力的肯定，学生的热情会慢慢褪去，课程也从而失去其特征和魅力。当我们开发出新教材，探索出有效的教学方法，形成一定的课堂模式后，评价体系的跟进就必须及时、有效。

我们必须明确，评价不是老师的教学行为，不是强加在学生身上的教学环节，而是要尊重学生的意愿，调动学生的需求，要让它成为学生的主动行为，让学生爱上评价、习惯评价、喜欢评价，评价才能真正服务于学生。教师则要敢于尝试评价中的创新，在实践中摸索出更系统的评价模式，使评价真正发挥它最核心的作用！

(郑州市金水区黄河路第一小学　张　颖)

活动 25　晒晒我的档案袋

【活动背景】

　　作为一名校园人，每一个学生都应对学校的历史、特色有所了解。在进行综合实践活动主题的选择时，郑州市金水区纬五路第一小学选取了与学校发展特色相关的主题——"飞舞的银球 跃动的童年"。该主题以学校特色——乒乓球为研究对象，开展实施了历史调研、成绩回顾、训练体验、人物寻访等系列活动，让学生在探究的过程中了解学校乒乓球队的发展历程，通过特色项目，增强对学校的热爱，做一个有情怀的人。

　　本节课是一节方法指导课，有必要对资料进行甄别。同时，前期学校也出现了资料搜集过于密集，而缺乏实用性和美感，在这样的情况下，学生需要对资料进行甄别，进行资料分类和整理，有助于活动的深入性。通过对前期的活动资料进行整理，学习到整理的基本方法。同时，也为综合实践活动资料选取的有效性提供了依据。

【学情分析】

　　前期，学生开展调查研究的过程中，收集了大量的关于乒乓球运动员的资料，其中包含国内外多位运动员，还有学校乒乓球训练的照片等。在学习的过程中，虽然学生记录了学习过程，写出了学习反思和收获，但是这些资料都混在一起，没有成体系。本次活动帮助学生有序地梳理整个活动主题的资料，建构系统地思维模式。

【活动目标】

1. 了解整理资料的重要性，初步学会基本的整理方法。

2. 对所搜集的资料进行合理、有效、个性化的整理，在整理和展示过程中提高动手操作、交流与合作的能力。

3. 通过对资料性质的分析和整理方法的探讨，提高分析和解决问题的能力。

【活动重点】

学生对一个活动主题的所有研究资料能够进行分类、整理。

【活动难点】

学生能够学以致用，根据不同活动主题，确定不同的分类方法。

【活动流程】

本节课共设计了六个流程：①回顾导入；②提出问题；③探讨方法；④动手实践；⑤分享资料；⑥总结评价。学生需要准备前期活动中所搜集的全部资料，同时准备档案袋和彩纸、水彩笔，用于制作整理档案。

一、回顾导入

【设计意图：回顾活动流程，有助于学生提出新的问题，同时活跃课堂学习气氛】

1. 教师播放课件，引领学生回顾丰富的研究活动。

历史调查小组通过采访校领导，得知了我校乒乓球俱乐部发展的概况，通过查找档案以及亲自拍摄，看到了新老球房的巨大变化，也用相机记录下了乒乓球俱乐部傲人的成绩；人物小组的同学们调查了教练的情况，深入球房拍摄球员们刻苦练习的场景，也从穿旧的球鞋、用坏的球拍和小球员们手上厚厚的老茧中感受到了运动员的艰辛。世

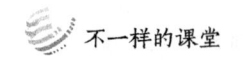

界冠军邓亚萍曾经在学校练习乒乓球，同学们也在调查中感受到榜样的力量，还意外地收到邓亚萍的亲笔签名。

2. 小组回顾所搜集的资料，贴在黑板上。

二、提出问题

【设计意图：该环节让学生观察黑板上各种各样的活动资料，提出新的问题，产生子问题，有助于形成该课的研究主题】

1. 探讨这节课需要研究哪些问题。
2. 学生交流，教师相机提出：怎么整理资料，为什么要整理资料。
3. 师生共同确定本节课内容：整理活动资料。

三、探讨方法

【设计意图：该环节让学生通过交流、反馈等形式，结合生活实践，形成分类的方法，并进行总结。问题由学生而来，答案也由学生而来，体现了学生学习的自主性】

1. 教师引出问题：面对黑板上这么多资料，怎么进行有序整理。
2. 教师根据学生回答，随机指导学生分类的标准。

分类一：按照图片、文字分类。

分类二：按照手写文字、打印文字、图片、实物分类。

分类三：按照活动的五大步骤分类。

3. 教师小结：根据活动的五大步骤进行分类，分别是：确定主题、制订方案、分组调查、搜集资料、汇报总结。

4. 学生对资料进行排序。

四、动手实践

【设计意图：该环节是这节课的主要环节，意图是将所学应用于实践。学生通过实践检验真知，同时也完成了资料的分类和整理】

1. 学生上台演示，根据活动的实施步骤进行分类。
2. 教师引发学生探讨，这样是不是就可以了，读者能不能一目了然。
3. 学生交流，教师小结，提出可以设计目录，像一本书一样，这样才可以更加清楚。

4. 学生动手操作。以四人小组为单位，先进行目录设计，再根据目录，把搜集的资料按照喜欢的方法进行分类，形成一个完整的资料袋。

五、分享资料

【设计意图：该环节旨在检验学生动手实践的成果，并相互学习，改进自己的整理方法】

1. 小组内互相分享。
2. 选出的小组代表进行分享。
3. 生生点评，教师及时肯定，发现独到之处。

六、总结评价

【设计意图：该环节运用展示性评价总结回顾这一节课所学内容，巩固学习成果，评出优秀制作团队，提升学习兴趣，为下一步活动奠定基础】

教师小结：一个小小的资料袋，承载了活动过程中许许多多的故事。在今后的活动里面，可以运用今天学到的整理方法，在活动的进程中随时对资料进行收集和整理。

【教学反思】

这是一节方法指导课，建立在学生对资料的搜集基础上。虽然之前也学习过资料的搜集方法，但是学生在搜集过程中产生了很多问题。因此，如何进行有效的搜集，是教师需要关注的。

这节课，学生在教师的一步步启发和指导下，学会了对资料进行分类、排序、整理、制作目录等技能，关注了学习的细节。其实，搜集资料在学习过程中是一种非常常见的学习方法，这节课对资料进行分类和整理，是为了后续学习打下基础。学生在课堂上，首先进行了问题的思考，得出了与之经验相关的答案，而检验答案的方法即是后续教师所设计的动手实践环节。

课堂上，教师的引导很重要，但是也不能完全依照教师的教学指导，学生可以进行个性化的整理，例如按照问题、图片等进行分类，

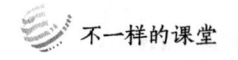

这种方法也适用于其他活动。

综合实践活动课是需要教师给予学生实践与思考的平台，以提高学生的有序思维能力、有整体规划的做事方法以及丰富的体验。

（郑州市金水区纬五路第一小学　张力伟）

活动26　我和农作物做朋友

【活动背景】

郑州市金水区优胜路小学（丰收校区）的南面有一片种植区，种植园内种有生菜、菠菜等蔬菜作物和小麦、红薯等农作物，由二年级的4个班分别管理。每周二中午，老师都带领孩子们去观察种植园内蔬菜和农作物的生长情况，同时还会对其进行播种、除草、浇水，孩子很喜欢参加此项活动。基于此，我们确立了"我和农作物做朋友"的综合实践活动课程。前期我们开展了有关蔬菜的综合实践活动课程，从中获得了一些启发和思考，也证明了农作物系列课程推进的可行性，为我们下一阶段的项目式学习打下基础。

本次活动是一节方法指导课。在前期活动中，学生对蔬菜有了比较完整的认识，掌握了如何对农作物进行科学的描述。本节课继续探索农作物家族中的粮食作物，通过小组交流与合作，在活动中体会按照不同的分类方法对粮食作物进行分类，得出不同的结果，通过对直观分类结果的观察体会有序分类的意义。从二年级开始有意识地培养并优化学生的分类意识，发展科学的思维方式，培养跨学科学习的意识与能力。

【学情分析】

二年级的学生对外界事物充满好奇，具有非常旺盛的求知欲。随着学生接触事物的逐渐增多，他们需要更多的方法来优化对事物的认识，对身边事物的深入探索。学生有一定的观察能力，能够根据要求

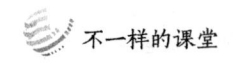

获取信息，但是缺乏科学的观察方法。本节课将科学、数学、综合实践活动相融合，进一步培养学生的归纳、归类能力和科学思维方式。

在上学期的"蔬菜"专题活动中，学生对熟悉的事物表现出极大的兴趣，生活中接触较少的事物也有极大的兴趣，喜欢探究，通过"蔬菜"专题的学习，学生们了解了对个体应从哪些方面进行分析和描述。本次选取"粮食"专题展开学习，也是针对我校学生中午在校午餐，因为挑食而浪费粮食的现象为出发点，希望学生能够了解粮食作物的生长过程，知道粮食来之不易，懂得珍惜粮食，树立节约意识。

【活动目标】

1. 认识粮食作物，了解粮食作物的基本信息，知道粮食作物有多种分类。
2. 通过调查和活动，了解一些有关粮食作物的分类，学会分类的方法。
3. 感受粮食作物生长过程，知道粮食来之不易，懂得珍惜粮食。

【活动重点】

学生能够了解粮食作物的基本信息，知道粮食作物有多种分类方法。

【活动重难点】

学生能够学以致用，掌握分类的方法和思维方式。

【活动流程】

本节课共设计了四个流程：①导入；②粮食整体分类；③粮食个体分类；④体会粮食作物生长。教师准备有关粮食作物的图片、农作物的果实和加工后的粮食及多媒体课件；学生课前通过调查、访问等形式，获取有关粮食的各种信息。

一、导入

【设计意图：教师以问题"学生对家里粮食的了解"并出示粮食实物导入，调动学生已有的知识，激发学生兴趣】

教师与学生分享粮食实物的展示，增强学生对粮食的认知能力。

二、粮食整体分类

【设计意图：以小组活动的形式入手，设置小组讨论、活动实践，加深学生对整体分类的认识，在合作中自我提升】

1. 通过小组分工合作的形式，组内分享讨论交流得出粮食作物整体分类的结果。

教师出示活动要求：

（1）讨论时间为3分钟。

（2）小组合作分工将粮食分类结果粘贴到卡纸上。

2. 小组代表上台汇报本小组讨论并形成的直观结果，并向大家介绍分类的原因。

3. 教师在学生汇报分享的基础上，引导学生对比分类的结果并得出分类方法不一样，分类结果也不一样的结论。

三、粮食个体分类

【设计意图：以真实粮食个体分类情景导入，采用小组合作的方式继续完成对个体分类的学习，完成对分类的纵深拓展，帮助学生熟练分工合作技巧，加深对分类的认识】

1. 所有学生观看小麦分类的微课视频，对粮食作物个体分类有初步的了解。

2. 本次分类活动涉及四种粮食作物个体及四种生长状态。通过小组分工合作的形式，完成四种粮食作物不同生长时期状态下的匹配。

教师出示活动要求：

（1）讨论时间为5分钟。

（2）按照"粮食植株——粮食种子，果实——加工后的粮食——做成的食物"顺序进行排列。

（3）小组合作分工将粮食作物分类结果粘贴到卡纸上。

3. 教师巡视，发现学生活动的不同情况，给予适当地指点。

4. 小组代表上台汇报本小组讨论并形成的直观讨论结果，并向大家介绍分类的原因。如下：

第一种，观察学生在分类时有的小组只按照纵向的生长状态依次排列结果。

第二种，粮食作物个体及生长状态在横向上没有一一对应。

第三种，有的小组在分类时兼顾到了纵向的状态分类和横向粮食作物个体和生长状态的对应。部分学生已经无意识地开始有序地进行思考。

5. 教师在学生汇报结果的基础上，引导学生对比有序排列分类结果和无序排列分类结果的区别，揭示有序分类的意义和价值，培养学生学会科学思考，有序排列。

四、体会粮食作物生长

【设计意图：以真实粮食作物生长过程图片引发学生的真实情感。带领学生体会粮食作物种植过程，引导学生感受粮食来之不易，懂得珍惜粮食，树立节约的意识】

1. 通过提问学生已了解的植物生长过程，总结粮食的由来。

2. 通过提问引发孩子对粮食来之不易的思考，从而形成珍惜粮食的情感体验，自觉树立节约意识。

【教学反思】

本节课是一节方法指导课，让学生在活动中切实体会、感受到分类方法的不同，得出的结论也不同。从低年级开始有意识地告诉学生分类不仅可以整体分类，其中个体也可以分类。当需要分类的项大于两个的时候，要有序地进行排列，在纵向和横向的排列间来培养并优化学生的分类意识，为学生科学思考打下基础。为此每一个环节都准备有学生可以亲身参与体验的教具，可以展示的实物。学生的参与积极性和主动探究的欲望都很强烈，其效果比单纯知识灌输要好很多。

在设计这节课时，要尽量站在学生的角度，揣摩学生的想法，设计出适合学生年龄特点的活动，让学生有兴趣参与其中。但是在真正的课堂上，预设只能帮助教师解决一部分有可能出现的问题，行为主体总会给教师提供表现教育机制的机会。本节课学生将未脱粒的水稻认成瓜子是我没有想到的，但通过观察、比较，发现学生可以通过分类解决这种错误认知，反倒加深了学生对分类的认识。

受一节课时间的限制，在小组汇报展示的环节只能选择二到三组进行汇报，说明分类思路，小组与小组之间的交流分享不够充分，课后还需要学生进一步交流，以达到熟练掌握分类方法，为下一阶段的学习打下良好的基础。

（郑州市金水区优胜路小学丰收校区　生慧强）

第五篇　设计创新

教之而不受，虽强告之无益。譬之以水投石，必不纳也，今夫石田虽水润沃，其干可立待者，以其不纳故也。

——张载

活动 27　巧用绳结

【活动背景】

绳结艺术是中国传统手工艺的一部分，从结绳记事、中国结，到现代的野外生存、礼品包装等，不断扩充新的内容和意义，成为我们日常生活中不可或缺的一部分。一根绳子能结成多样的绳结，除了常见的中国结，还有很多种。学生对千变万化的绳结有一种好奇心，既熟悉又陌生，探索绳结之中隐藏着什么规律，生活中又该如何巧用。基于这样的文化和思考，郑州市金水区第一中学开展了"巧用绳结"这一主题活动。

随着活动的深入开展，学生发现生活中需要用到绳结的地方很多，探索绳结的实用价值、方法与技能也就应运而生。

【学情分析】

13 岁学生爱面子，自我意识膨胀，也有较好的自我控制能力，形象思维已经有较好的基础，耐力、协调能力以及对技术对象的控制性等都有较大的发展。学生对绳结很感兴趣，能按照图示进行打结，但是独立思考、动手能力、创新思维比较差，被动学习已经成为习惯。于是，我们设计了遇到问题进行思考、判断，在实际生活中应用方法解决问题的课程内容。

【活动目标】

1. 从众多绳结中选出 6 个基本的实用绳结，熟练掌握绳结的打结

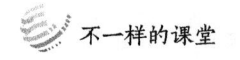

方法，逐渐养成有选择地学习。

2. 学生能在情境中快速指出实用绳结的用途，锻炼学生的应用意识。

3. 学生能根据"溺水救生"等实际情境，灵活应用基本实用绳结。这锻炼了学生如何处理应急能力，使学生养成动手实践、判断分析、合理应用和合作交流的习惯。

【活动重点】

学生能够掌握基本的实用绳结的打结方法和技巧。

【活动难点】

学生能够根据生活需求发明和创造绳结的新方法，并能学以致用。

【活动过程】

本节课共设计了三个流程：①引入新课；②主动学习，效果检验；③交流评价，总结提升。教师需要准备课件，2根50厘米长绳子，布条若干，评价表等；学生需要准备2根50厘米长绳子，6根30厘米长绳子，笔一支。

一、引入新课

【设计意图：让学生认识到学习内容与国家政策的关系，关心文化的传承与发展；展示既满足了学生展示自我的意愿，又碰撞出了思想火花】

1. 播放有关传统文化复兴视频。学生观看，发现其中要点。教师点出学习内容与国家政策的联系。

2. 学生展示课下搜集、选择、确定的6个常用、实用的绳结，并说明理由。教师出示6个基本实用绳结，结合学生选择的常用绳结，共同确定是哪些基本实用绳结。（单结、八字结、平结、蝴蝶结、称人结、双套结）

二、主动学习，效果检验

【设计意图：活动设计由简单到复杂、由欣赏性到生活常用情景，一步步引发学生的思考、兴趣，最终达成学以致用，锻炼学生如何处理应急问题和根据不同情境灵活使用绳结的能力】

（一）基本实用绳结的学习——练就"熟能生巧"

1. 教师出示师生共同确定的6个基本实用绳结（单结、八字结、平结、蝴蝶结、称人结、双套结），已经学会的学生举手示意。教师肯定学生课下自主练习的努力，让学生发现并指出打某些绳结的不足之处。

2. 学生练习打绳结，尤其对打错的绳结再进行反复琢磨和动手操作，同桌相互检验。

3. 同桌互助学习，教同桌正确的打结方法。

（二）基本实用绳结的用途——在"线"抢答

教师出示有关单结、八字结、平结、蝴蝶结、称人结、双套结的用途，学生抢答。

（三）实用绳结的应用——实战"演练"

活动一：巧打绳结

1. 教师出示活动情景：如果有两根粗细相同的绳子，必须接起来才够用，同学们会用哪种方法打结。试着打一下。学生在1分钟内独立完成者为合格。

2. 教师出示所用平结图例，学生自我检测绳结打的成功与否。引导学生找出平结与外行平结不同的打结方式，以及这两个绳结不同的使用特点。

活动二："救"在身边——溺水救生

1. 教师出示情景：学生和伙伴到河边玩耍，看到有人落水，此时，身边也恰好有4条绳子，试问同学们会运用哪些打绳结方法来救人？（某某溺水处离岸边约3米远）小组合作完成溺水救生绳的制作。

2. 小组介绍溺水救生绳所应用的绳结。教师出示检测规则，小组自我检测。

3. 每个小组进行溺水救生情景剧彩排，选择一个小组上台表演。学生对上台表演的小组进行评价。

141

活动三："救"在身边——火灾逃生

1. 教师出示高楼逃生视频，小组合作完成 2 楼火灾逃生绳的制作。

2. 播放消防员演示的火灾逃生打绳结视频，小组按照方法再打一次绳结。

（四）收绳

学生按照收绳示意图进行收绳练习。

三、交流评价、总结提升

【设计意图：自我评价有助于学生找到自己动手实践的优点与不足。学生谈收获也是对本节课的一个回顾。总结升华本课主题，提出对学生的要求和期望】

1. 学生进行自我评价，总结学习收获和需要再努力的地方。

2. 教师总结：中国绳结艺术从"上古结绳而治"到现代的生产、生活，无不展示出它的魅力。今天我们学习了 6 种基本实用绳结，希望同学们多加练习，熟练掌握，并灵活运用到我们的生活中。

【教学反思】

本节课求真务实，紧紧根据目标来安排教学内容、方法和技巧。根据学生的特点，调动学生学习的主动性，在实践中学习，将知识和探索融入简朴、真实的教学情景之中，学生在自主思考、默默地首肯中获得知识和能力。实现综合实践活动课程的重要价值，它不单纯是教会学生一些技能、技巧，更重要的是对学生思维方式的引导教育，培养学生多种能力的共同协调发展。通过综合实践活动的学习，使学生在亲身参与实践的积极体验中发展实践能力和创新精神，把教育的重点放在培养学生可持续发展能力上。

本节课也存在情景设置专业性不足的问题，怎样设置更真实、更专业的教学情景一直是我追求的目标。

（郑州市金水区第一中学　秦丽敏）

活动 28　版画的魅力

【活动背景】

朱仙镇木版年画是河南最著名、也是最具特色的民间木版年画，它起源于唐，兴于宋，鼎盛于明清，是中国四大木版年画之一。朱仙镇木版年画具有鲜明的民间艺术特色并对我国其他地方年画的发展有着极其深远的影响。

学生在美术学科中对非遗文化——木版年画，已有一定的了解，郑州市金水区新柳路小学基于学校文化、教师特长、学生需求，开发与实施了"版画的魅力"这一课程。让学生带着问题，展开调查研究，通过调查问卷、数据分析、查阅资料、设计制作，对朱仙镇木版年画的历史发展、制作方法，以及发展现状有了充分的了解，进一步帮助学生开阔视野，发掘潜在的创造性，研究传统，汲取现代，将生活体验和感情融入版画创作当中，创造出具有时代性、内涵性、艺术性的新版画艺术，并同时弘扬民族精髓，让传统文化融入校园当中，树立学校课程品牌。

【学情分析】

1. 学生已有的基础：五年级学生有一定的动手制作能力，本次综合实践课是学生在美术课堂上学习吹塑纸版画的基础上进行的知识延伸活动，这样使学生始终处于新奇感和兴趣感当中。

2. 本节课需要提升的能力：木版画是将手工与绘画相融合的一种艺术表现形式，通过动手又动脑的制作过程引导学生产生浓厚的兴趣，

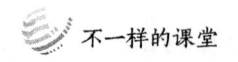

在制作过程中让学生学会使用刻刀并刻制出精美的版画作品，通过体验得到美的享受和成功的喜悦，并培养学生自主探究的学习能力，努力培养学生的审美情趣和对传统艺术的热爱，引领他们进一步走进艺术的殿堂。

【活动目标】

1. 让学生了解民间艺术瑰宝——朱仙镇木版年画的起源、工艺制作和艺术特点。

2. 让学生学会欣赏朱仙镇木板年画的代表作品，学会从不同方面进行欣赏、评述作品。

3. 让学生了解木版年画的制作方法，在传承与发展中创作版画作品。

4. 向全校展示木版年画作品，科普朱仙镇木版年画知识，发出倡议弘扬传统木版年画的历史文化。

【活动重点】

学生能够掌握刻刀的使用方法及刻制版画的基本技巧。

【活动难点】

学生能刻制出具有创意的版画作品。

【活动流程】

本节课共设计了四个流程：①活动回顾、激发兴趣；②小组合作、创意制作；③分享展示、评价交流；④拓展延伸、能力提升。教师需准备教学PPT、版画、《版画设计方案表》。学生需准备木版、刻刀、水粉颜料、水粉笔、调色盘、洗笔桶。

一、活动回顾、激发兴趣

【设计意图：欣赏版画作品及视频，激发学生的创作热情，回顾木

版年画的制作方法及艺术特点，为本节课做铺垫】

教师引导学生回顾前期活动，学生再次回忆木版年画的制作方法及艺术特点，视频播放前期活动过程及作品，让学生通过视频再次回顾活动，激起学生创作木版年画的兴趣，引出课题。

二、小组合作、创意制作

【设计意图：小组通过分享版画设计方案，展示前期准备，通过分工合作在已知的基础上更好地刻制出版画作品，同时渗透安全意识、团队意识，有助于学生更好地进行版画的设计制作】

1. 教师分享多种题材的版画，启发学生的设计思维。

2. 小组商讨设计草图。

3. 小组分享版画的设计方案，说出本小组的设计理念及展示本小组的设计草图，生生评价，教师适时点拨、引导。

4. 小组完善后，开始雕刻。

三、分享展示、评价交流

【设计意图：通过小组展示与评价交流，小组之间可以取长补短并及时发现问题、解决问题】

1. 小组汇报，展示本小组的版画作品，说出设计理念、收获及感悟。

2. 教师出示评价要求：

（1）设计理念是否明确。

（2）雕刻手法是否精美。

（3）主题是否具有意义。

3. 小组展示，生生评价，提出建议。

四、拓展延伸、能力提升

【设计意图：作为版画教学的创作，不但要让学生学会制作版画的技巧，更重要的是让学生开阔视野，发掘潜在的创造性，研究传统，汲取精髓，将生活体验和感情融入版画创作当中，创造出具有时代性、内涵性、艺术性的新版画艺术，同时弘扬民族文化精髓，让传统文化融入我们的校园当中】

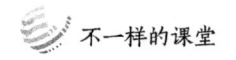

向全校展示木版年画作品，科普朱仙镇木版年画知识，发出弘扬传统木版年画的历史文化的倡议。

弘扬传统文化倡议书

造化神秀，铸造了雄浑的神州大地；日月精华，孕育了五千年灿烂的中华文化。诸子学说，百家争鸣；诗词歌赋，韵律悠长；琴棋书画，意境玄妙；四大发明，光照古今。我们为中国古代的辉煌而自豪，作为新时代的小学生，不仅应当胸怀天下，放眼世界，更应当饮水思源，勿忘根本，以学习和传承传统文化为己任。

为此，我们发出倡议，学好传统文化，弘扬民族精髓，积极学习朱仙镇木版年画的历史传统、制作工艺，努力弘扬河南非物质文化遗产，让传统文化融入我们的校园，融入我们的课堂，融入我们的性格修养之中。

那么让我们大家一起行动起来吧！

【教学反思】

本次活动从课题的选定、到数据的统计、分析、整理，再到调查、搜集资料、设计制作，每一步都是极其不易。特别是设计制作木版年画，学生每天的工作量很大，先起稿，再雕刻，最后再印刷，每一步都不能马虎，在雕刻过程当中精确度要求很高，稍不留神就容易把线条刻歪，会影响整幅作品的效果，面对这么细致的制作过程学生们都坚持下来了。

通过这次对朱仙镇木版年画的学习，让学生们体会到了这些老艺术家的艰辛和付出，体会到了团结协作、互帮互助的好处。更学习到我国优秀的传统文化遗产的传承和保护所面临的危机，对濒危文化遗产应当进行积极的宣传，促进人们思想的转变，使更多的人了解和认识朱仙镇木版年画，这种民间艺术是祖先留给我们的珍贵财富，要加以传承和保护。

附件 1：版画设计方案表

金水区新柳路小学
"版画的魅力"主题活动

"版画的魅力"——创意版画的设计绘制

第_____小组	主题：
组长：_____	成员：
我们的设计理念	
我们的设计草图	
下一步方案	

（郑州市金水区新柳路小学　刘明月　李莉芹）

活动 29　玩转喷泉

【活动背景】

郑州市第七十六中学是郑州市首批创客先进学校，积淀了一定的课程实施经验，教师和学生的项目式探究能力得到了提高，思维方式得以打开。基于教师的兴趣爱好，结合物理学科的活动主题，学校又开发与实施了"水和我们的生活"这一活动主题，进行了大单元的课程实施。

在课程实施中，教师整合美术、物理、科学等学科知识，在这一大单元的主题下设计"玩转喷泉"这一小主题。在活动实施中，从确定问题、确定标准、头脑风暴、形成想法、探讨可能性、选一种方法、建立模型和完善设计八个环节展开，实现以产品为导向，利用科学、技术和数学各个领域的知识来解决现实生活中有意义的问题。

【学情分析】

七年级学生已经积累了一定的科学、数学知识，能自行解决一些问题。通过之前项目的开展，同学们根据喷泉原理积极尝试制作喷泉，构建模型，优化成果。通过本次活动，将书本知识转化为实践，并体验知识的科学性，优化喷泉模型。

【活动目标】

1. 通过项目优化，深化学生将知识应用到实践中的能力。
2. 通过交流和评价，各小组明确自己制作喷泉的优劣，初步确定修改意见。

3. 通过小组活动，提升组员的协作能力，能够实现互促互进，完善人格。

【活动重点】

能够科学地、专业地设计一组喷泉模型。

【活动难点】

设计的成果能够转变成产品，服务生活。

【活动流程】

本节课共设计了五个流程：①情景导入；②项目回顾；③展示交流；④评价总结；⑤拓展延伸。教师需要准备活动所需的 PPT、项目评价表、奖品；学生需要准备好自制的喷泉，明确展示交流的流程及过程记录。

一、情景导入

【设计意图：通过图片和视频展示郑州市双鹤湖公园的音乐喷泉，激发学生的展示兴趣】

观看郑州市双鹤湖公园的音乐喷泉图片和视频，激发学生展示自己设计喷泉的热情，感受科技与艺术的魅力。

二、项目回顾

【设计意图：通过 VCR 回顾项目流程，引出本次活动目标】

教师播放 VCR，和学生共同回顾项目式学习的经历。

三、展示交流

【设计意图：搭建展示平台，小组内同学分工合作，展示自己小组制作的喷泉，其他小组作为评审员。既能提升合作能力，又能提升评价能力，通过聆听别人的评价，为自己喷泉的改进积累经验】

（一）教师出示展示要求

1. 小组展示自制的喷泉，并陈述出制作原理和一句话广告词。

2. 结合其他小组的评价，进行经验总结及记录。

3. 评审小组讨论，交流分享，形成有价值的评价和建议。

4. 展示时间不超过 3 分钟。

（二）小组进行准备。

（三）组组展示，互相评价，教师及时肯定和点拨。

四、评价总结

【设计意图：将各个小组展示的喷泉一字排开，让所有同学进行评价和评选，提升学生的评价能力，为每个小组喷泉的改进提供参考，同时为过程性评价和期末总结性评价提供依据】

1. 教师提出评价要求：选出最能打动同学们的那一组，并说出理由。

2. 全体学生参与投票，对优胜队伍进行奖励。

3. 自由分享本节交流会的收获及反思。

五、拓展延伸

【设计意图：介绍产品改进的方法和流程，学生结合本节课的收获，明确下一步的活动目标，为喷泉的升级设计打下基础。为学生再次开展团队合作，解决现实问题提供理论和经验指导】

1. 教师展示产品提升的方式有：替换、组合、改造、改变用途、去除和逆向操作以及重新安排。学生通过头脑风暴确定喷泉模型改进的方向有：喷泉外形、喷泉出水量、喷泉高度、喷泉种类等。

2. 学生明确下一阶段的活动内容：改进已有的喷泉模型并调研现实生活中的喷泉设计，并形成行之有效的喷泉模型设计。

【教学反思】

教师给学生展示的舞台，学生就会在这个平台上尽显自己的才华和能力。因此，学生在一次次动手实践中、展示中，学习热情和探索精神得到升华。本次展示与交流，提高了学生展示交流能力，培养了团队合作精神，并在交流与展示过程中实现了产品的优化与升级。

本次活动实现了全员参与，学生的积极性得到大大提高，同学们也发现了隐藏在身边的"小工程师""小艺术家""小数学家"和"小演讲家"。在教师提供的五个基础喷泉模型的引导下，同学们设计出二十多个喷泉模型，其中不乏教师没有想到的优秀设计，真正实现了教学相长。

　　本次活动中喷泉模型产品评价环节没有明确的评分表，学生打分高低可能有学生感情分数。这在以后的评价设计中需要教师结合学生的学情、活动等设计科学、合理的评价要素和内容。

（郑州市第七十六中学　张书艺）

活动 30　　设计购物袋

【活动背景】

　　托特包是中外设计师热衷的设计作品，它是最适合用来表达个人主张的一种饰物。伦敦设计师 Anya Hindmarch 著名的"我不是一个塑料袋"的倡导环保的托特包，瞬间成为全球爆款。同时也有不少艺术家，在托特包基础上进行艺术创作，挑战大众思维。不同颜色、不同款式的托特包体现了人们不同的生活态度。在全国大力倡导环保的背景下，"制作环保购物袋"主题活动随之开展。

　　"制作环保购物袋"就是让学生了解那些被人们遗忘的手工制作，掌握简单的缝制方法，在制作过程中感受缝制的乐趣，感受老一辈人的生活。本节活动侧重设计制作，活动中主要凸显学生的主体能动性。让学生在活动中掌握生活技能，学会发现生活，热爱生活。同时引导学生探究环保购物袋在生活中的作用，通过分享缝制环保购物袋的方法，尝试创新设计不同款式的购物袋，赋予环保购物袋新的意义。

【学情分析】

　　"制作环保购物袋"综合实践活动在郑州市金水区优胜路小学五年级开展，学生在这个阶段已具备自主开展活动、有效进行小组合作的能力，在此基础上开展了此活动，提高了学生的动手制作及创新能力，增强学生环保意识，从而引导学生学会生活，做一名懂生活、会生活的孩子。

【活动目标】

1. 通过制作购物袋，掌握一些简单的缝制方法和生活技能。
2. 通过小组合作，培养学生的创新意识及团队合作精神。
3. 通过交流评价，培养学生善于交流、乐于分享、互相学习的态度。

【活动重点】

学生能够设计制作出一个环保购物袋。

【活动难点】

学生能够根据用途设计出一款新颖、实用的购物袋。

【活动流程】

本节课共设计了四个流程：①回顾导入，激发兴趣；②设计制作，掌握技能；③汇报展示，提升能力；④课外拓展，能力提升。教师课前准备相关的教学课件，学生准备课下做好的环保袋和装饰材料。

一、回顾引入，激发兴趣

【设计意图：视频回顾，激发学生热情，回顾环保袋特点，为本节课做铺垫】

教师通过视频再次回顾学生前期活动，回想环保购物袋的特点、研究过程及作品等。

二、设计制作，掌握技能

【设计意图：小组通过分享，展示前期准备，通过分工合作，为下一步展示汇报做准备】

1. 小组分享活动准备，讲解准备材料。
2. 师生共同了解设计注意事项。

三、汇报展示，提升能力

【设计意图：通过小组展示与评价交流，及时发现问题、解决问题】

1. 小组汇报，展示设计理念。
2. 小组评价，提出建议。

预设1：设计过程中，学生为了美观而使用的装饰材料会忽略环保这一特点。

解决策略：制作前出示注意事项，再次强调环保购物袋的特点。

预设2：在学生的评价过程中，学生出现钻牛角尖找对方问题的情况。

解决策略：评价过程中，及时引导学生发现对方优点进行中肯的评价。

四、课外拓展，能力提升

【设计意图：通过为学校设计文化袋的过程，增强学生的爱校热情，提升学生的集体荣誉感】

学生为学校设计一款具有学校文化特色的文化袋。

【教学反思】

通过本次活动，学生确定主题、分工合作、大胆展示、勇于创新，活动过程中学生学会了环保袋的制作方法，并懂得将废旧物品进行二次利用，学生的综合能力在活动中都得以提升。

活动实施前教师注重指导学生搜集过程性资料，培养了学生良好的资料保存的习惯。也正是这样的习惯，学生的活动过程才得以在课堂上通过照片、视频、微信群等方式分享给各小组，起到了互促互进的作用，从而使课堂生动有趣，达到了课上课下统一学习的效果。

今后努力的方向是培养学生的评价能力。在学生评价过程中，对其他小组不能以客观的眼光进行评价。部分学生在活动过程中产生消极情绪时，小组成员和老师如果能倾听一下他们的意见，鼓励其他成员尝试着去发现组员身上的优点，会大大增加学生的活动热情。在以后的课堂中，教师需要进一步培养学生的自评、他评的能力。

（郑州市金水区优胜路小学　魏　一）

活动 31　撒哈拉以南非洲之旅

【活动背景】

　　七年级学生具象思维兴趣浓厚，但是实际生活与课本知识的联系意识不足。如果将所学的科学知识与生活相联系去解释生活中出现的现象，解决生活中的实际问题，学生还有一点难度。比如，为什么世界各地的传统民居从质地到形态差异巨大？各地居民的传统服饰、文化、习俗为何各不相同？不同地区著名的自然风景是如何形成的，将来会如何变化等。于是，郑州龙门实验学校基于学生的需求、教师的专业度，特开发了地理学科的研究性学习活动，意在让学生通过探究、亲身考察、体验等自主探究的学习方式，帮助学生把生活世界与科学世界联系起来，让学生不仅仅停留在琐碎的生活表面，而是能够用科学的知识分析、解释生活中的现象与问题，让学生以科学的综合视角认识和欣赏我们所生存的这个世界，帮助学生更好地适应生活、欣赏生活、规划生活，提升生活品位和精神体验层次，从而更加热爱这个世界，热爱生活。

　　整个活动设计不仅局限于认识能力的发展，更重要的是锻炼学生的综合思维能力，培养学生运用知识解决问题的能力，为后续的实践活动与研学活动提供保障与支持。

【学情分析】

　　经过半学期的初中学习，七年级的学生有一定的科学知识储备，具有良好的语言表达能力、从材料中提取信息的能力、思考及简单的

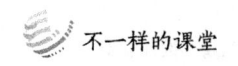

分析能力。教师需要采取有效方法引导学生思考，帮助学生分析、理解现象背后的科学原理。

【活动目标】

1. 读撒哈拉以南非洲在世界的位置图、撒哈拉以南非洲地图，运用区域位置的分析方法，说出撒哈拉以南非洲的经纬度、海陆位置和半球位置。

2. 读撒哈拉以南非洲气候分布图与气候统计图，运用区域气候的分析方法，准确描述撒哈拉以南非洲的气候特征。

3. 运用撒哈拉以南非洲地形图，描述撒哈拉以南非洲的地形特征，总结认识区域地形的方法。

4. 运用相关地图与资料，结合实例分析撒哈拉以南非洲典型自然景观与人文景观的形成、地理位置和自然环境的关系，培养学生运用知识综合分析问题的能力。

【活动重点】

学生能够从图文资料中自主提取有效信息，并能进行分析。

【活动难点】

学生能够应用归纳、总结与迁移等学习方法，解决生活中的问题，实现学以致用。

【活动流程】

本节课共设计了六个流程：①活力非洲，Let's go；②阅读地图，定位置；③分析气候，理行装；④居高临下，辨地形；⑤研学路上，学以致用；⑥展示本节课学习成果。教师需要准备 PPT 幻灯片、视频、关键词卡片；学生准备搜集的资料；共需一课时。

一、活力非洲，Let's go

【设计意图：创设研学情境，以拥有非洲鼓元素的背景音乐搭配典型的非洲自然景观，制作成当前深受学生喜爱的动感、时尚PPT形式导入本课，快速调动起学生的学习兴趣的同时有效的创设了研学这一情境，让学生身临其境，感同身受。引导学生主动把那些不知与已知，浅知与深知之类的需要带到一定的情景中去，把抽象的文字知识点转化为具体的生活情景，营造良好的学习氛围，使学生能积极主动、全身心地投入学习】

创设研学情境，播放介绍撒哈拉以南非洲的PPT。模拟非洲当地研学导师给学生布置任务：通过观看PPT说出本次研学之旅的目的地。

二、阅读地图，定位置

【设计意图：通过地理学科教学中区域的学习，学生已经基本掌握区域位置的学习方法，引导学生回顾区域地理位置的认知内容与描述方法。着重培养学生的学习方法的培养与迁移运用】

1. 教师出示撒哈拉以南非洲在世界的位置图、撒哈拉以南非洲地图，引导学生回顾区域地理位置的描述方法。

2. 分配任务，小组合作运用地图和方法准确描述撒哈拉以南非洲的经纬度、海陆位置与半球位置。

三、分析气候，理行装

【设计意图：以旅行前收拾行装这一生活中常常会遇到的情景来开展对区域气候的分析，培养学生通过对区域气候的分析选择正确的出行衣物，感受学科知识的实用性与对生活的指导性】

创设情境：多媒体展示各种出行的衣物，如：墨镜、防晒霜、防晒衣、雨伞、短袖、毛衣、靴子等。要求学生从中挑选出前往撒哈拉以南非洲必备的衣物。

1. 教师出示撒哈拉以南非洲气候分布图与气候统计图，引导学生回顾区域气候的分析和描述方法。

2. 分配任务，小组合作阅读地图，运用方法分析并描述撒哈拉以南非洲的气候特点，准确挑选出前往撒哈拉以南非洲的必备衣物并说明原因。

四、居高临下，辨地形

【设计意图：引导学生学会选图、读图、识图，学习认识一个区域

地形的方法，培养学生从地图上获取地理信息的能力】

创设情境，研学团乘坐的飞机在撒哈拉以南非洲上空俯瞰非洲大陆。

1. 教师出示撒哈拉以南非洲地形图、撒哈拉以南非洲卫星照片俯视图。

2. 布置任务，小组合作分析撒哈拉以南非洲的地形特征，并归纳分析区域地形特征的一般方法。

五、研学路上，学以致用

【设计意图：该环节，重在引导学生将所学学科知识与技能放在实际生活场景中，用生活中的现象与场景来帮助学生理解学科知识、概念，引导学生在生活中发现问题，理解其形成的科学背景】

创设情境，飞机平缓地降落在坦桑尼亚的达累斯萨拉姆机场，我们从这里开始本次研学之旅。

1. 机场见闻。教师出示撒哈拉以南非洲居民照片以及世界人种分布图，引导学生认识本区域的主要人种，知道这里被称为黑种人故乡的原因。

2. 研学第一站：塞伦盖蒂国家公园。播放东非高原野生动物视频，学生小组合作探究非洲野生动物大迁徙的时间、路线和原因。

3. 酒店住宿——茅草屋酒店。展示非洲草原上典型民居——茅草屋，引导学生分析影响民居形成的原因。

4. 研学第二站：原始村落探秘。展示撒哈拉以南非洲人民的绘画、舞蹈、鼓乐、雕塑、扎染。教师用优美的语言进行讲解，带领学生了解该区域的文化习俗。

5. 研学第三站：著名景点探秘。教师展示撒哈拉以南非洲地形图、东非裂谷带示意图、撒哈拉以南非洲气候类型分布图、乞力马扎罗山景观图、东非大裂谷卫星俯瞰图、尼罗河景观图、刚果河景观图。学生在欣赏赤道雪山、地球伤疤、世界第一长河尼罗河时，运用所学的知识与技能分析影响这些景观与现象形成的原因。展示本节课的学习成果。

六、展示本节课学习成果

学生谈学习收获,教师小结。

【教学反思】

这节课选取初中学生非常感兴趣的研学作为大背景,一开始便创设研学情境,同时注意情境创设的完整性与连续性。整节课研学情境从头到尾贯穿于每一个活动环节。研学内容的选取也从能够引发学生共鸣的点出发,选取既能引发学生学习、探究兴趣又与学生生活有所联系的案例。例如特殊的传统民居,去旅游时应该选择的衣物,壮观的非洲动物大迁徙。学生在探究这些现象、事件的过程中分析出该区域自然环境对人文环境的影响。整个活动过程不仅局限于认识能力的发展,更重要的是锻炼了学生的综合思维能力,有效地培养了学生运用知识解决问题的能力。

此外,每一活动环节都有充分的展示。每个环节都指向某一条活动目标,每一条目标都通过具体的活动环节达成,学生活动有效性强。这节课共有八个探究问题,学生合作完成,因为这八个问题学生不能独立完成。故设计学生合作活动,不是为了展示、追求形式而进行的学生活动,而是问题串地不断解决和交流碰撞。

本节课学生学得有趣,教师指导的有效,师生共同享受着活动探究带来的乐趣。

(金水区教育发展研究中心　刘　薇)

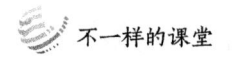

活动 32　嗨玩蹴鞠

【活动背景】

　　足球是郑州市金水区农科路小学的体育传统项目。本着"热爱运动、快乐成长"的活动理念，根据学校实际，把综合实践活动课程的研究与体育课程足球技能的训练相结合，将传统文化和现代竞技相融合，课堂教学与课外活动相联合，基础普及和特色提高相渗透，诞生了我校"快乐足球"的特色课题。学生在深入探究足球的过程中，衍生出"嗨玩蹴鞠"新课题。本课通过认识蹴鞠、了解蹴鞠、设计游戏、嗨玩蹴鞠几大环节，让学生在嗨玩的过程中体验运动的快乐。子课题"嗨玩蹴鞠"是整个"快乐足球"主题活动的第五阶段。

　　本课是项目设计课，是五年级学生在开展主题活动"快乐足球"时，由小组任务之一"足球的历史"在展示汇报后生成的全班感兴趣的新活动主题——"嗨玩蹴鞠"。

【学情分析】

　　我校五年级学生已经有两年参与综合实践探究活动的经验，他们的观察能力、分析能力、探究能力、小组合作能力都有了很大程度的提高。对于本节项目设计课，学生能够根据已有的知识和生活经验，设计出不一样的蹴鞠游戏。

【活动目标】

1. 通过观看视频，了解古代蹴鞠文化。

2. 通过小组合作，进行探究，设计蹴鞠游戏。

3. 通过传承蹴鞠文化，创新蹴鞠游戏，体验运动的乐趣。

【活动重点】

学生能够认识、了解蹴鞠，感知历史文化，设计一个蹴鞠游戏。

【活动难点】

学生能够根据蹴鞠游戏的特点，设计出相应的评价标准。

【活动流程】

本节课共设计了六个流程：①顺时导入，认识蹴鞠；②任务征集，理清要求；③小组合作，设计推介；④修改游戏，完善方案；⑤展示评价，拓展延伸；⑥课堂总结，反思提升。教师需准备教学 PPT、蹴鞠、道具、《蹴鞠游戏设计表》《自我评价表》、评价牌（正面绿色、背面红色），学生需准备水彩笔。

一、顺势引入，认识蹴鞠

【设计意图：通过历史文化的铺垫，播放视频后的视觉冲击，使学生初步了解蹴鞠的发展史、运动技法和主要形式，感知蹴鞠文化】

1. 教师出示蹴鞠实物，引发学生兴趣，让学生猜猜是什么。

2. 学生猜测，出示课题。

3. 教师带领学生了解蹴鞠文化。

4. 观看古代与现代人们玩蹴鞠的视频，让学生感知蹴鞠的各种玩法和趣味。

5. 学生交流观看视频收获，自由体验玩法。

二、任务征集，理清要求

【设计意图：体现项目设计课的项目什么，进行情景设置】

1. 创设情境，引出设计蹴鞠游戏。教师出示清明上河园征集令：

征集令

我园面向全国征集新颖有趣的竞技蹴鞠小游戏，可单人或多人玩

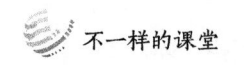

乐，场地适宜，需结合蹴鞠特点，融入蹴鞠技法。凡被采纳者，皆有重赏。

河南·开封·清明上河园

二〇一六年九月

2. 头脑风暴

（1）学生读征集令内容，教师提出问题：同学们从这张征集令中获得了哪些信息。

（2）师生共同分析征集令，明确设计要求。（新颖、有趣、竞技）

3. 教师小结：通过大家的分析，已经明白了这次游戏的设计要从人数、场地、技法、评价游戏的三个重要特点（新颖、有趣、竞技）进行考虑，待会儿设计的时候要遵循这些要求。

三、小组合作，设计推介

【设计意图：让学生在组内智慧碰撞，合作设计游戏，通过参加清明上河园游戏征集评选大会展示游戏，让学生通过互评游戏，明确游戏设计理念，发现优点，找出不足，为下一步修改游戏做好准备】

1. 教师出示游戏设计温馨提示：

（1）可用示意图、文字、符号等多种形式记录。

（2）根据方案选择合适的道具，并试玩验证。

（3）时间5分钟。

2. 学生开始设计，教师巡回参与并相机指导。（全体兼顾，重点关注）

预设一：学生设计的蹴鞠游戏采用文字说明，费时费力。

教师处理方法：提醒学生用简图表示游戏方案。

预设二：学生设计的蹴鞠游戏竞技性不强。

教师处理方法：提示学生可以利用道具试一试，看设计的游戏方案难易程度如何；或者在设计游戏时加上闯关环节。

3. 小组代表汇报设计的游戏方案。

4. 教师指导学生抓住亮点，找出不足，对小组展示的蹴鞠游戏进行评价。

四、修改游戏，完善方案

【设计意图：让学生用红笔对设计的游戏进行修改，可以一目了然，对设计游戏的目的也是一次提升，使游戏更加符合征集要求：新颖、有趣、竞技】

1. 指导学生根据刚才的展示，对设计的蹴鞠游戏进行修改。

2. 小组在3分钟内修改蹴鞠游戏方案，并为二次展示做好准备。

五、展示评价，拓展延伸

【设计意图：呼应情景设置——征集令，至此，本节课项目设计活动圆满完成。在对游戏进行修改的过程中，既是对游戏设计的一次完善，也是对学生个人学习能力的一次提升，培养学生展示—学习—反思—内化—提升—再展示的新型学习方式】

1. 组建评委，每组推荐能代表本组水平的评委一名。

2. 教师明确评价要求：小评委在评委席就座，本着公平公正的原则，依据三项评价标准：新颖、有趣、竞技，对展示的游戏进行客观公正的评价。A 绿色，代表通过；B 红色，代表不通过。只要绿色过半就代表游戏通过初选。

3. 小组代表依次上台展示游戏设计方案，教师适时扮演指导者、点拨者、评价者、采访者、激励者等多重角色。

（1）小组边介绍边演示。

（2）请评委亮牌。

（3）公布评选结果。

4. 教师小结：这节课上小组同学智慧碰撞，试玩体验设计出了各具特色的蹴鞠游戏，顺利通过了初选，老师会把大家设计的游戏推荐给清明上河园。

5. 学生拿出《自我评价表》，完成自我评价。

6. 学生交流，谈今天的收获。

六、课堂总结，反思提升

【设计意图：总结本节课学习方法，引出活动意义，达到学以致用，树立课程品牌，真正让学生动起来】

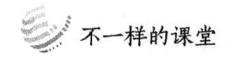

小小的蹴鞠代表历史文化的传承。现在校园的足球活动开展得如火如荼，也希望同学们动起来、玩起来，热爱运动，快乐成长！

【教学反思】

课堂活动设计环环相扣，用贴近学生生活的"清明上河园"征集蹴鞠游戏入手，调动了学生设计游戏的积极性。本课堂将时间大量交给学生，尤其是让学生动起来，与蹴鞠接触接触再接触，这样玩，那样试，学生兴趣盎然，自主实践起来，自然课堂高潮迭起，游戏设计顺理成章生成，课堂妙不可言。

单纯的竞技运动让学生基情满满、活力四射，但教师更应关注课堂之后学生的内心成长。课堂的第六环节"课堂总结，反思提升"，给了学生审视自我的机会。从学生的感悟分享上来看，他们在本节课的知识、技能、能力、情感以及创造能力都得到了提升。

附件1：游戏方案设计表

"嗨玩蹴鞠"游戏方案设计表

	游戏名称	
小组分工	记录人	
	汇报人	
	演示人	
设计理念		
展示形式（打√单选）	1. 先介绍再演示（　　） 2. 边介绍边演示（　　） 3. 先演示再介绍（　　）	
游戏方案	（文字表述、图示皆可）	

附件2：学生活动自我评价表

学生活动自我评价表

我今天的表现	优	良	待努力
1. 我了解了蹴鞠的发展史，学到了新知识			
2. 我能积极发言，并对别人的意见进行补充，能看到同学汇报的亮点或者能提出合理的建议			
3. 我能与小组同学密切配合，承担责任共同完成任务，在团队活动中明白凝聚力与合作的重要性			
4. 我能认真倾听他人发言，并思考			
5. 我有好的创意，能新颖独特地设计游戏			
6. 提高了规划能力、设计能力与展示能力			

（注：请在符合的选项下√）

（郑州市金水区农科路小学　毕瑞霞）

第六篇　灵魂绽放

为未知而教，为未来而学。

——戴维·铂金斯

活动 33　走进开封兰考

【活动背景】

兰考是党的好干部、县委书记的好榜样——焦裕禄同志生前战斗过的地方，也是焦裕禄精神的发祥地。兰考还是泡桐之乡、全国双拥模范县和首批国家级生态保护与建设示范区，古琴的制作就产自这里的名村。

为了传承红色精神，学习传统文化，增强民族自信，了解古琴文化和制作过程，河南省实验中学思达外国语小学开发了"走进开封兰考"这一综合实践活动课程。课程将研学、劳动教育、综合实践活动相融合，体现了课程的丰富性、系统性，实现了学生的多元体验与实践，发展了学生的综合能力与素养。

【学情分析】

通过查阅资料，学生初步了解了焦裕禄的相关事迹、兰考展览馆的基本概况和泡桐制作乐器的有关知识。纸上得来终觉浅，绝知此事要躬行，仍需要通过实地参观学习的方式感同身受，提高文化素养，提升精神品格。

【活动目标】

1. 感受焦裕禄生前的峥嵘岁月以及兰考翻天覆地的变化。
2. 了解兰考特殊的地理环境，认识兰考泡桐的特性。
3. 了解乐器的相关知识和制作流程，掌握泡桐的发音原理。

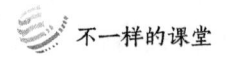

4. 在活动中提高社交能力，提升自我管理能力。

【活动重点】

通过照片、文字、实物、雕塑等形式，感受焦裕禄生前的峥嵘岁月以及兰考翻天覆地的变化。

【活动难点】

参观乐器村，体验古琴的制作流程。

【活动流程】

本节课共设计五个流程：①知识大讲堂；②焦裕禄纪念馆；③兰考县展览馆；④中国民族乐器村；⑤活动交流。

一、知识大讲堂

【设计意图：带着启发的心，处处都是学校，充分利用学生在大巴车上的时间，对同学们活动前所查阅的资料进行交流分享，激发学生对本次综合实践活动课的乐趣，为接下来的实地参观做了很好的铺垫】

教师根据前期师生的共同学习，引出问题，让学生带着问题实地考察。

1. 兰考县地处河南省的哪个方位。
2. 焦裕禄到底是个什么样的人物，他的人生有什么经历。
3. 焦裕禄精神是什么，为什么要学习焦裕禄精神。
4. 你见过泡桐吗？为什么兰考人民称之为焦桐呢？
5. 你所认识的乐器有哪些？你知道它们是怎么做出来的吗？

二、焦裕禄纪念馆

【设计意图：纪念馆里的陈列品和照片，直观诉说了焦裕禄的事迹，有很强的代入感，会在不知不觉间对学生的价值观产生正面的影响】

1. 学生带着问题，在讲解员的带领下，参观焦裕禄纪念碑，并做好记录。

2. 小组在场馆分享获得的焦裕禄的事迹和感受。

3. 教师结合语文教材中的文本，激发学生深刻感受焦裕禄精神。

本环节教师随记：一到这里，学生们立刻变得严肃起来，当他们知道焦裕禄革命烈士纪念碑高 19.64 米，是为了纪念焦裕禄同志 1964 年去世所建时，都不约而同地在研学手册上记录了起来。对于碑文上记载的焦裕禄同志治理三害的相关事迹，学生们也认真地做着笔记。这样的学习态度，让在场的游客连连夸赞。

三、兰考县展览馆

【设计意图：展览馆中记录了焦裕禄那个闪闪发光的时代，学生边看、边听，走进焦裕禄的故事里，也走进焦裕禄精神里】

1. 学生带着问题，在讲解员的带领下，听讲解员讲焦裕禄的故事。

2. 看兰考的变化，教师引发学生交流：看到兰考的变化，你想对焦裕禄爷爷说些什么。

3. 学生自主参观，整理笔记。

本环节教师随记：整个展览馆，生动形象地展现了焦裕禄同志和兰考人民一起治理风沙、盐碱、内涝的劳动场面，体现了他一心为公的情怀。随着一段段文字的深入和一个个实景照片的展现，学生们更能想象到当时恶劣的生活环境和艰苦不易的生活条件，也更加懂得要珍惜现在来之不易的生活。通过交流，学生对焦裕禄爷爷的精神体会得更加深刻。

四、中国民族乐器村

【设计意图：徐场村被誉为中国民俗乐器村，每家每户都有制作古筝的房间。学生走进制作房间，了解乐器的起源和发展，体验制作过程和制作原理】

1. 带着问题参观乐器展览馆。

2. 通过采访、询问、动手操作等方式了解乐器制作过程。

3. 师生共同欣赏乐器表演《高山流水》，学生在古琴师指导下学习、体验弹奏。

本环节教师随记：学生目睹了乐器制作工艺及流程，了解了乐器

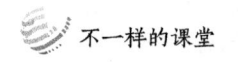

的发声原理，知道了古琴由七弦组成，发出的声音低沉稳重。与现场讲解老师的沟通交流中，知道了中国乐器的种类以及与乐器相关的成语，综合实践活动课程的意义在不知不觉间体现。

五、活动交流

【设计意图：学生在回程的大巴车上，交流收获、感受和启发，教师提醒学生并以文字的形式进行本次活动小结，让学生明白一个活动要有一个好的开端，还要有一个好的结果，做事要及时总结与反思】

【教学反思】

知识＋见识＝智慧。此次综合实践活动课程，学生们通过所见、所闻、所感，把书本上死板的知识变成了生活中灵活运用的能力，把书本上固定的文字变成了心海里自然流淌的素养。

有的孩子说："我们要把身边每一件小事做好，将来才能做成大事。"有的孩子说："我们要多走出去开阔视野，了解博大精深的中国历史和文化，用心观察，增长智慧。"张紫宸同学说："50年前，为防风固沙，焦裕禄带领当地人种植了大量泡桐。现在，兰考已经成为全国乐器音板定点生产基地。当地做的民族乐器不但占据了全国近30%的民族乐器市场，还销往日本、新加坡等20多个国家和地区。这些都是焦裕禄爷爷留给我们的财富和文化。当桐花再次绽放的时候，我们还会来的！"

作为老师，我也从中受到了教育，像焦裕禄一样在工作中多一些无私的奉献。每次的综合实践活动课程，都是对学生探究能力、实践能力的全面提升，也是知识的开阔和情感丰富的经历，突显了立德树人、五育融合的教育特色。

（河南省实验中学思达外国语小学　何亚珂）

活动34　哨声响起来

【活动背景】

玩耍和听故事是儿童智力发展的两大基石。如何让孩子有个快乐的童年？如何加强孩子与同学、家人、社会之间的沟通？这些现实问题正越来越引起社会、学校和家长的关注。如今，孩子们的游戏少了，对长辈们代代相传的传统游戏更是一无所知，孩子们多谈论的是"魔兽"这些电脑游戏，沉迷于虚拟的游戏世界中不能自拔。这些触动让我与学生谈论他们的游戏，进而谈到长辈们童年的游戏，由此产生了"哨声响起来"这个主题活动。

【学情分析】

三年级学生经过一个学期的活动，初步具备了一些发现问题、研究问题和解决问题的能力，在综合实践活动的探究性学习中，观察、对比、分析是学生必须掌握的基本方法。本节课，需要学生通过观察、对比、分析来探究哨盘上洞的大小，以及绳子长短对哨盘发出的声音的影响，学会用科学的态度和方法深入观察研究，提高解决问题的能力和实践探究能力。

【活动目标】

1. 通过小组合作探究，了解哨盘上洞的大小，以及绳子长短发出的声音对拉哨的影响。

2. 通过实验验证猜想，并得出结论，提高动手能力，体验与他人

173

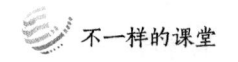

合作的乐趣。

3. 通过自主、小组合作探究，学会用科学的态度和方法深入观察研究，提高解决问题的能力和实践探究能力。

【活动重点】

学生能够自主探究出哨盘上洞的大小，以及绳子长短发出的声音对拉哨的影响。

【活动难点】

学生能够通过科学的验证方法，检验结果。

【活动流程】

本节课共设计了六个流程：①展示介绍，导入新课；②出示问题，引起兴趣；③共同探究，明确方法；④分工合作，自主探究；⑤展示交流，解决问题；⑥回顾过程，总结提升。在实施过程中，教师课前需要准备教学PPT、分贝测试仪软件；学生需要准备自制的拉哨以及实验记录表。

一、展示介绍，导入新课

【设计意图：通过现场齐玩拉哨，回顾前期活动，在轻松愉快的氛围中进入精彩的拉哨世界】

1. 教师谈话激趣。教师在带领学生回顾本次活动主题后，以一句"同学们的拉哨会响起来吗？来，让我们手中的拉哨响起来"，激发学生参与课堂的兴趣。

2. 学生现场齐玩拉哨，本节课继续走进精彩的拉哨世界。

二、出示问题，引起兴趣

【设计意图：幻灯片出示相关问题，激发学生参与探究的兴趣，为下一步的实验探究做准备】

1. 教师带领学生回顾上节课提炼出的三个具体问题。

问题一：拉哨发出的声音为什么忽高忽低。

问题二：哨盘上洞的大小对哨盘发出的声音有什么影响。

问题三：改变绳子的长度，对拉哨发出的声音有什么影响。

2. 学生围绕这三个问题，进行实验探究。

三、共同探究，明确方法

【设计意图：通过共同探究，明确常用的实验探究方法，为下一步的自主探究做准备】

1. 学生两两合作，探究问题一：拉哨发出的声音为什么忽高忽低。

2. 教师引导学生先进行大胆猜想。

3. 学生上台操作演示。教师引导全班同学观察、比较、分析，尝试说出结论。

预设1：学生在拉哨的时候，会出现用劲儿大，发现拉哨的声音就响的情况。

解决策略：教师引导学生通过认真观察、仔细倾听，对拉哨发出的声音进行对比分析。

预设2：学生在拉哨的时候，会出现用劲儿小，拉哨发出的声音就小的现象。

解决策略：针对这一问题进行现场试验，通过全班同学观察、比较、分析，最终得出结论。

4. 交流探究结果，得出结论。

经过我们共同的探究，终于得出结论，拉哨转动的时候，有时快有时慢，就造成了拉哨的声音忽高忽低。

5. 教师总结探究方法：刚才，我们先大胆猜想，然后请同学上台演示操作，其他同学认真观察，经过多次观察、对比、分析，最后得出结论。这是实践探究活动中经常用的学习方法。

四、分工合作，自主探究

【设计意图：组内分工合作，进行实践探究，学会运用猜想、观察、对比、分析等方法进行实验，得出结论】

1. 教师引导学生自主选择要探究的问题，进入实验探究阶段。出

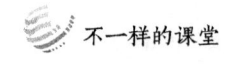

示以下探究任务：

　　小组合作探究问题二：哨盘上洞的大小对哨盘发出的声音有什么影响。

　　小组合作探究问题三：改变绳子的长度，对拉哨发出的声音有什么影响。

2. 学生分组探究，教师巡视指导。

五、展示交流，解决问题

【设计意图：通过小组展示与评价交流，进一步巩固新知，发现问题，及时解决】

1. 教师引导按时完成的小组分享成功经验，分析失败原因。
2. 教师引导小组展示，分享实验结果，共同验证结果。

预设一：教师引导小组分享实验结果，统计出实验结果一样的小组。

解决策略：教师引导实验结果不一样的小组进行补充。

预设二：教师引导实验结果不一样的小组分享实验结果。

解决策略：教师引导学生现场共同验证。

教师小结：为了更直观地看到实验结果，老师这里有一个分贝测试仪软件，请认真观察，分贝仪上显示的最高值是多少。同学们看到没有，老师说话的时候数字也在不断变化。为了保证实验结果的准确性，请所有人安静，屏住呼吸。实验开始！

预设三：教师引导学生现场验证改变绳子的长度对拉哨发出的声音有影响。

解决策略：教师引导学生总结实验结论，同样的实验除了绳子长短不一样外，其他哨盘、材质、孔的大小都要完全一致。

预设四：教师引导学生现场验证哨盘上洞的大小对哨盘发出的声音有影响。

解决策略：现场验证，得出结论，洞的大小，对比越明显听得才更清晰，不明显的时候会误导我们。

3. 教师引导小组间互动，评价交流。
4. 教师小结：实验不是一次就成功的，科学家有时为了进行一次小小的验证，会经过上千次，甚至上万次的实验。这次实验当中的小挫折不算什么，相信同学们一定会取得成功的。

六、回顾过程，总结提升

【设计意图：把活动的整个过程进行梳理，培养学生的科学素养，掌握探究方法，提高今后解决问题的能力】

老师真为同学们感到骄傲。这节课在玩中学会了用科学的方法解决问题。把科学的方法运用到我们的学习和生活中，一定会有更大的收获！

【教学反思】

实验探究课的教学设计，一定要把握好三年级学生的心理特征：好奇心强，乐于动手！让学生在不断感受新奇的过程中，体验探究学习的乐趣。

首先让学生明确活动任务，才会奔着目标前进，小组的活动会更有价值。不急于让学生行动，而是先"猜想与假设"，用这样的方式激发学生的发散式思维，同时让思维的火花再碰撞，激励学生的探究兴趣，这样不仅激发学生参与探究的兴趣，也为下一步的实验探究做准备。

在各个小组投入实验的时候，我没有强调纪律，把重点放在学生的分工合作上，谁操作，谁记录，谁计时……大家集思广益，场面立刻热闹起来了，充分调动了学生的积极性，学生的探究热情高涨，合作效率较高，投入状态可见一斑。整个课堂的节奏需要老师稳而不急，真正把握学生实践体验的节奏，把课堂的时间交给学生，使之成为真正的主人。

(郑州市金水区文化路第一小学　张　文)

活动35 "画"为心声

【活动背景】

"画"为心声是在"真智历史"教学主张引领下基于历史学科、综合实践活动相融合的学校特色课程。

该课程遵循以人为本的核心理念，在坚守教育常识、遵循教学规律、倡导深度学习和尊重成长个性的基础上，依托历史时序，深掘历史价值，以学生为主体、教师为主导、思维为主线，通过主题设计对课程结构的梯状序列进行调整，将学生已有的知识经验、社会发展的现实问题和历史课程育人功能有机地结合，使历史校本课程学习在一个相对开放的空间里，获得理解和解释的更多可能性，力图达到情智共生、学思交融和知行合一。

通过"画"为心声引导学生认识到中国传统文化的丰富多彩，博大精深，尝试浸润家国情怀；最后，引导学生能以客观态度辩证看待中国传统文化。

【学情分析】

七年级学生对事物充满着好奇心与探究欲望，并在历史学科中积累了一定的历史知识。本节课将通过有趣的历史图像，运用"孤证不立""图史互证"的史学方法。了解中国传统文化中表达美好寓意的核心意象，认识到中国传统文化的丰富多彩，博大精深。

【活动目标】

1. 通过观察战国到明朝出土的各种文物图像，尝试说出猴与马常在同一图像中出现的原因；

2. 依据北魏、唐末、两宋、明代的相关文献记载以及图像史料，推断出"弼马温"是"避马瘟"的谐音；

3. 通过识别历史图像背后的含义，理解谐音多是人们用来表达对美好生活向往的常用方式，并辩证客观地看待中国传统文化。

【活动重点】

学生通过出土文物图像和文献史料，归纳出相关结论。

【活动难点】

学生通过观察图像并结合史料，能理解谐音体现的文化，并举一反三。

【活动流程】

本节课共设计了三个流程：①课题导入；②课堂活动；③情感升华。教师准备课件、绘画用的色卡纸、彩笔，学生小组现场汇报展示需要的方案设计和绘图，以及合理阐释意图。

一、课题导入

【设计意图：谈话来源于历史，又基于有趣的历史环境下的故事和词意，引发学生兴趣，启发学生探究欲望】

1. 教师引导学生观察身边的历史：说起历史可能会有同学觉得遥远，其实历史就在我们身边，在我们的生活之中。不论是前阶段在郑州举办的民族运动会吉祥物——中中，还是学生到登封嵩山旅游看到世界文化遗产"天地之中"历史建筑群，这些名称都指向了一个核心概念——"中"。《中庸》上说："中也者，天下之大本也。"中庸就是不偏不倚，客观公正。我们的伟大祖国叫"中国"，老家河南在古代称作"中原"，咱河南人说好、不错也用"中"来表达。其实这都是历史与生活紧密结合、历史就在我们身边的体现。

2. 教师向学生介绍感受历史的途径和方式：感受历史的方式可以是外出旅游、实地走访、参观博物馆、探访民居建筑、网络搜寻，当然更常见的方式还是通过出土文物和历史文献来感受历史。通过出土文物的图画来感受历史，被视为"画为心声"，也就是说一定时期的历史图画表达的是一定时期历史人物内心的声音或想法。

二、课堂活动

环节一：画为心声

【设计意图：引导学生关注图片细节并结合已有经验，对实物图画进行合理推测。逐步渗透时空观念，让学生知道距离我们的时代越近，历史图像越清晰，并用"孤证不立"的史学观念指引学生学习历史。通过学生的每次回答尝试了解学生历史学习的基础和起点，并随时进行教学调整】

1. 展示战国到汉代的三幅不同文物图画，让学生讨论猜测黄色和红色方框中的图画内容。

2. 展示四川曾家包东汉画像石，引导学生继续观察辨别图像中的动物，并交流所悟。

3. 教师小结。

环节二：话为心声

【设计意图：引导学生通过多则文献材料中反复出现的关键词对历史现象进行探因。运用多种史料相互印证的方法，引导学生结合已有知识和经验，尝试推断谐音的趣味性和韵味】

1. 出示北魏、唐末、北宋的三则文献材料，引导学生尝试说出猴对马的益处。

2. 展示李时珍《本草纲目》中的相关记载，再次印证后引导学生明晰"弼马温"就是"避马瘟"的谐音。

3. 展示两幅图画，引导学生进一步认识与畅谈"马上封侯"（马上逢猴)、"封侯挂印"(蜂猴挂印)等谐音现象。

环节三：画话心声

【设计意图：运用朱仙镇木版年画、汴绣等河南非物质文化遗产，调动乡土资源，凸显地方特色。检测学生对"谐音"文化的运用，利用合作探究的方式，给学生时间和舞台，加深其对"谐音"现象的形式和内涵的理解】

1. 看画识画：展示四幅历史图画，引导学生分别说出连年有余、多子多福、松鹤延年、百鸟朝凤的文化内涵和美好寓意。

2. 以画载话：学生通过小组合作，用抽签的方式选取美好的寓意（洪福齐天、五谷丰登、平步青云）并用简笔画将其表现出来。

3. 小组合作探究，在充分讨论的基础上形成共识，找到表现这些成语的美好意象，分工合作绘制图画后，依次上台展示。

4. 小组成果展示，生生评价，教师及时肯定。

环节四：思维提升

【设计意图：通过学生对所绘制作品进行的点评，引导学生明确中国历史之中多用约定俗成的核心意象来表达美好寓意】

1. 学生的分享各有千秋，异彩纷呈。但"想象无禁区，绘画有规矩"，教师启发学生，可以用约定俗成的核心意象来表达美好寓意，如用"红色蝙蝠"来表达"洪福"的含义。

2. 学生畅言，谈理解，

三、情感升华

【设计意图：引导学生依据具体历史条件，客观地评价历史现象，辩证地看待中国传统文化】

钱穆先生说看待历史要"带着温情与敬意"，我们既要深入到历史现象产生的具体背景中，并对其进行同情之了解，又要能跳出历史、立足当下，对其进行批判性继承。

众所周知，中国古代是农耕社会，人们希望自己每天面朝黄土背朝天的辛苦劳作能够一分耕耘一分收获，五谷丰登表达正是劳动人民美好而朴素的想法；甚至人们希望自己福运连绵、洪福齐天似乎也是无可厚非。

中国历史博大精深、源远流长，今天我们所见只是冰山一角，对于中国传统文化我们需要带着温情与敬意，也需要批判与继承。我们应该取其精华、去其糟粕，这才是正确审视历史文化的态度。

生活的深处常有历史，历史的深处多是文化，而文化的核心则是人化，一个个活生生的人就是一部部鲜活的历史、文化大书。

【教学反思】

本节课在教学内容上进行了大胆的取舍，将前沿的历史学术成果创新性地引入活动课中，通过引导学生对从战国到明清不同时期的不同史料探究，如瓦当、画像石、画像砖、文字史料等的大胆猜想和自主探究，并在其中渗透孤证不立、图史互证等史学思想，让学生较好地管窥了谐音这一中国历史文化现象。

通过"看画识话"和"以画载话"的活动环节，学生学的有兴趣，画的有创意，能够将知识、词义、美学得以相融合，学生思维得到启发，知识得以融会贯通，学生了解"取其精华，去其糟粕"对待中国历史文化的原则的同时，并能学以致用，客观辩证地看待中国传统文化。

由于设计的内容比较丰富，删除一个环节，会感觉少了"水到渠成"，因此，这节活动课想让学生充分地感受，需要 50 分钟到 1 个小时。这样才可以在活动汇报环节给予学生更多的展示时间，并通过小组互评、教师点评的方式，将活动的核心思想再次提炼升华，以便更好地指向立德树人的根本任务，落实学生核心素养。

（郑州龙门实验学校　邱朴智）

活动 36　从商，我们是认真的

【活动背景】

"从商，我们是认真的"活动来源于学校早期的跳蚤市场。学校多个学科都开展过校园易物"跳蚤市场"，单一学科的售卖活动主要让学生通过货品交易来进行计算学习、英语口语训练等。在这样的活动中，虽然学生对这样的商品售卖活动兴致高涨，但学生交流范围小，体验单一也不专业。结合以人为本，让学生在生活化的学习场景中培养其适应终身发展和社会发展需要的必备品格和关键能力。郑州市金水区艺术小学将几项综合实践活动主题进行学科整合，成为符合学生自身需求的课程，即"发现商业的秘密"。

学校本着"分享、体验、感恩"的理念，为学生创设学习场景；通过锻炼学生的理财能力，让学生明白合理消费的意义；体验不同的职业，让学生感受买卖活动的乐趣，提高学生的情商，发展学生良好的情感、态度和价值观等。

【学情分析】

六年级学生有着强烈的探究欲，但因社会阅历有限，他们常常有一种独立的冲动，热衷于通过自己的劳动获得财富，更希望通过一些事情来证明自己已经有独立的能力，但是他们的世界观、价值观还有待教师的引导。六年级学生是第二次参与活动，学生更加能够深入理解分析影响商业发展的因素，学生已经确定研究方向、明确组内分工，对本组课题进行了深入研究和成果交流，这些属于实践活动的"终极

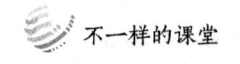

环节，是对学生本学期实践活动的总结。

【活动目标】

1. 在老师的引导下，让学生学会观察数据表与其对应的柱状图之间的关系，能够找出相应的数据。

2. 学生通过观察各班级创业集市上的收支数据表，能够学会简单的数据分析，并总结数据中的规律。

3. 学生能够透过数据，并结合自身经历初步总结影响商业营利的因素，发现商业运行的秘密所在，以此进一步发展学生的财商。

4. 在课堂讨论交流中，培养学生发现问题的意识和积极解决问题的能力。

5. 引导学生正确的价值观，懂得"君子爱财取之有道"的道理，任何人不能逾越道德底线，不能触碰法律。

【活动重点】

学生透过数据，并结合自身经历初步总结影响商业营利的因素，发现商业运行的秘密所在，以此进一步发展学生的财商，学会分析市场，理智投资。

【活动难点】

学生通过观察分析数据表总结出投入与收入的基本规律。

【活动流程】

本节课共设计三个流程：①回顾导入，激发兴趣；②分析数据，讨论交流；③总结收获，进行学习。在讨论交流中，总结活动问题与经验，通过激烈有趣的讨论形式，激发学生学习交流的兴趣。教师准备教学课件、数据表，学生准备买卖等数据的记录。

一、回顾导入，激发兴趣

【设计意图：激发学习热情，引发回忆思考】

1. 教师边播放课件边讲述：上周的创业集市上，相信大家对当时的一些场景还记忆犹新。我们再来回顾一下当天的活动盛况。谁来说一说在创业集市活动当天，哪些场景给你留下了深刻的印象，你当时是什么样的心情。

2. 学生谈感受。

二、分析数据，讨论交流

【设计意图：学生通过观察数据与柱状图，能找到相关数据，并学会分析数据，得出结论；通过讨论与思考找出造成个别特殊数据的原因，培养学生的深度思维能力；教师指导学生利用分析的结论尝试解决问题，学会在实践中形成理论，用理论指导实践】

1. 教师出示参与售卖活动的五、六年级 18 个班级营利情况的数据表和柱状图。

教师指导学生看懂数据图上的各组数据的基本概念，包括营业额、成本、净利润、利润比以及各班的开店数量。引导学生观察柱状图，知晓柱状图的高度与数据的关系。

2. 讨论交流任务一：以小组为单位，观察 16 组数据，完成下列问题，分别是哪些班级。

营业额最高：_____　　　营业额最低：_____

投入最多：_____　　　　投入最少：_____

收入最高：_____　　　　收入最低：_____

利润比最高：_____　　　利润比最低：_____

开店数量最多：_____　　开店数量最少：_____

全班交流。

3. 讨论交流任务二：透过数据，结合刚才总结的规律和自身的经营情况，你发现的商业秘密有哪些。小组讨论，全班交流。教师引导总结如下：

商品种类、商品成本、商品定价、商品质量、宣传方式、商铺位

185

置、服务态度

4. 讨论交流任务三：如果再给你一次机会参加这样的活动，你会在经营中做出哪些改变，理由是什么？

教师引导学生学会从前面讨论的数据，分析结论和总结商业的秘密中去对照自己的优势与劣势，尝试提出解决问题的方法。

三、总结收获

【设计意图：将学习与现实生活紧密联系，让学生学会知识的迁移，真正理解数据的作用】

1. 以"淘宝"和"京东"为例，简单向学生介绍两个商业网站是如何利用数据达到提高售货量的。如下：

"淘宝"通过用户的搜索数据，不断向用户推送相同类型的产品，提高用户的购买欲望。

"京东"通过统计某些产品的地域点击量判断客户的购买意向，提前在最近仓库备货，以达到快速送货的目的，提高客户的满意度。

2. 鼓励学生日常学习生活中要学会统计数据、观察数据、分析数据，明白数据蕴藏着无穷的力量。

【教学反思】

本节课是反思总结部分中的一个课时，整个反思总结课包括角色认知、整理数据、分析数据等多项内容。本节课紧扣数据分析，让学生从中进行深度思考，引导学生发现大部分数据存在的规律，明白一般情况和特殊情况产生的主要原因。

"发现商业的秘密"整个活动历时一个学期，主要收获有以下五点：

1. 团队参与发挥聚合效应。活动中参与的群体是全校师生，五、六年级学生是售卖货品的主体，学生自由组合成立创业小组，一至四年级和所有老师是顾客的主要来源，综合实践、美术、语文、数学等多个学科老师参与指导。语文学科是商品买卖间的口语交际、美术学科是营销海报及创意店面设计、数学学科是理货对账清单核算、综合实践学科是活动方案研究等多学科学习内容，在同一研究性学习项目中，有效地实现了融会贯通，生生合作与师生合作无处不在。

2. 真实场景还原生活实际。校园里模拟现实集市，学生版的个性特色商家、琳琅满目的商品、熙攘来往的顾客，这样自由热闹的气氛中，进行物品的询价与议价、货品的配送与整理、利润的计算与合计等商业行为就为学生的学习提供了自然和贴切的场景，使孩子在这样的环境中通过自身的观察、体验与实践发现商业的秘密所在。

3. 项目学习落地核心素养。"发现商业的秘密"以多样化的创业项目开展项目式学习，学生要全方位考虑店铺的运营程序，从前期市场调查、申请创业计划、采购商品、广告宣传、商品推销到收支计算、利益分配、活动反思一系列完整的项目学习中，让学生体会到，现实问题的解决需要考虑多方面因素，从不同的角度去理解问题以及判断解决方案的正确性，提出不同的解决方案，开拓学生思维，提升创新意识与技能。

4. 实践体验提升学习品质。商业项目的设计与开展，有效地实现了思维与技能的统合。学生从亲身实践到商铺设计、物品选购、信息交流当中，发现问题并解决问题，更能激发学生解决问题的动力与兴趣。学生第一次参与此项活动的时候，感性大于理性，第一次参与时更多的想法是"我想卖……"但是第二次就会有更多的孩子去思考"顾客想买……"他们会对比，第一次创业集市上什么产品最火爆，什么样的售卖形式最吸引顾客，哪个位置的商铺生意最好，在第二次活动中应该如何调整。第二次参与的孩子虽有经验也未必就一定会成功，这会引起孩子认真的思考。这才真是"纸上得来终觉浅，绝知此事要躬行"。

5. 有效反思促进能力提升。商品交易进程的不断更新与即时反馈，能够促使学生及时对过往方法进行反思和调整，得到提升和改进，更有效地实现学习目标的达成。参与此次活动的孩子在创业集市中，最大的收获是活动后的反思，学生总结出影响市场的因素包括"商品供需、质量价格、广告宣传、售后服务、商铺位置"等多个方面，明白应该根据市场发展情况做出调整。学生重复参与这个活动，为孩子提

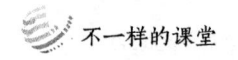

供了改进方案和再次实践的机会,但是市场变化的不确定性决定孩子的成功与否也具有不确定性,结果不是重点,两次参与、两次习得会让他们进一步明白"市场有风险,投资需谨慎"的道理。这就是"发现商业的秘密"带给孩子的实实在在地成长与经验叠加。

(郑州市金水区艺术小学　赵玮霞　张　敏)

活动 37　创客项目交流会

【活动背景】

郑州冠军中学全面普及以编程教育为核心的创客教育，构建创客与科创发展中心，由国家级创客指导师及信息技术教师共同建立起完善的双创课程群，通过项目团队开展层级学习，通过不同平台的锻炼与攀升等级，由初级到高级，发展提高学生的创新思维及领导力，提升学生发现、分析和解决问题的能力，沉淀认真和自觉的学风，使创客教育成为我校深化素质教育的又一力作。"太空之旅"是我校师生共同感兴趣的一个主题活动，意在通过设计、研讨、模拟演练，对 2019FLL（First Lego League）工程挑战赛—太空之旅的主题、规则、技术答辩、课题研究、FIRST 核心价值观进行了深入的了解和构建。

【学情分析】

在本节课之前，各个项目团队一直在进行本团队的相关活动，团队在日常活动中多次进行方案的实践及改进，已具备完整的规划。本次交流会的开展，让各个项目团队通过全员参与、方案展示和交流，以提高语言表达的准确性和严谨性，体验和发现方案存在的问题。通过本次项目交流会，学生能够在真实的展示平台上对整个竞赛评审有一个比较全面的认识，同时也让不同项目团队有相互学习和帮助的机会。学员在本次活动中通过小队合作分项目展示各自的研究成果，为接下来的方案改进及竞赛，做好准备。

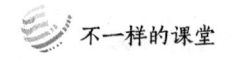

【活动目标】

1. 通过多项目展示、设置学员评审组提升项目团队及优秀学员的展示交流能力。

2. 通过多形式展示活动及评价，明确各个项目组所遇到的问题，完善改正意见，相互学习评价。

3. 通过搭建情景平台进行展示，来提升团队每一位队员的协作力、执行力。

【活动重点】

学生能运用已学编程模块，搭建符合自己团队设计意图的程序，表明观点。

【活动难点】

学生能够将项目成果进行新颖的、多样的展示。

【活动流程】

本节课共设计五个流程：①情景导入；②展示交流；③评审点评；④评价总结；⑤拓展延伸。教师需要准备活动所需的PPT、团队活动道具、项目评价表；学生需要准备好展示项目的器材、海报，明确交流会的流程及过程记录。

一、情景导入

【设计意图：以FIRST赛程标准情景模拟导入，激发学生的展示热情，也为今后的训练提供更好的经验】

呈现一个完整的FIRST理念的主题实践活动，引入本次交流会，重在团队之间的相互交流、相互学习，通过一个汇报会、不同项目类型，让每个团队在交流中学习，并训练学生在沟通中提升自己解决问题的能力。

二、展示交流

【设计意图：以真实评价的场景入手，设置评审组，搭建展示平台，通过团队上台展示来激发学员的热情。团队合作、学生交流的方式有助于学生在分享中相互启发，从而改善各自团队今后的设计方案】

1. 通过完善的平台展示，让团队在展示中充分展现自己的亮点以及诠释自己团队的特点。

2. 其他项目团队做好观察记录，做好讨论的理论基础，评审组依照评审表，依次打分记录。

教师出示活动要求：

（1）团队全员参与，体现 FIRST 工程挑战赛的核心价值观，团队不是一个人的，懂得互相帮助，互相促进。

（2）结合展示活动，其他团队积极讨论，交流想法，做好评价及记录。

3. 团队讨论，交流分享，形成有价值的建议及评价：结合其他团队项目展示的内容和形式，对自己团队进行经验总结及记录。

三、评审点评

【设计意图：为充分锻炼不同层级的团队，让高级团队引领低级团队的成长，特设本板块——学员评审组，六位学生评审员均经过创客与科创中心的等级认证，均为创客等级一级。以这些学员的真实经历和经验，来考察新团队的项目方案，从而体现项目式层级学习的优点，让不同学员都能够得到更好的交流学习】

1. 各个学员评委从不同的角度点评，进行全方位评价，提出相关评价要求。

教师出示活动要求：

（1）明确各个评委的职责，做好相关评价记录。

（2）评委点评同时，其他项目团队做好记录并适时讨论汇总。

2. 台下学员在队长的带领下做好经验总结和讨论。教师巡视，并进行相机指导。

四、评价总结

【设计意图：及时而有针对性的评价能够有效地反思和改进学生的

学习，为日后项目团队方案改进提供有力支撑，也为项目团队的过程性评价和期末总结性评价提供依据】

1. 学生根据本节课的交流情况，各团队认真填写项目团队学习记录、评价表，评审组完成情景模拟评价表（FIRST 核心价值观评审表、机器人结构和编程评审表、研究性学习评审表）并打分。

2. 评审组分享本节交流会的收获及感受。

五、拓展延伸

【设计意图：让团队继续设计和完善自己的项目方案，意在引导学生在实践活动中养成严谨、科学的求知态度。以创新实践活动为载体，鼓励科技创新，为学生营造公平、自由、开放、有趣的活动氛围，为中小学开展人工智能教育和教学搭建成果展示与交流平台】

1. 通过核心素养评价、机器人方案展示等多种形式，展示学生在研究性学习、团队合作、机器人搭建和编程等多个方面的能力和成果，培养学生严谨的学风及多学科知识融合运用能力、逻辑思维能力、解决问题的创新与决策能力。

2. 明确下一阶段的活动内容：在日常方案验证中进一步提升成功率，注重全员参与，学会如何诠释自己团队的核心价值观。

【教学反思】

本次活动以全员参与、互相提升为出发点，活动充分尊重 FIRST 竞赛核心价值观——发现、创新、包容、团队合作及享受过程。

本次活动的设计注重学生的体验，给予学生宽松的氛围和平台。活动从学生已有的研究过程出发，通过多形式的展示，合作制定项目展示方案，交流完善项目方案，让学生在交流中生成很多富有创造性的展示成果。

让学生成为评价的主体，不仅实现了学生之间的平等对话和交流，也提高了学生的评价能力。评审点评关注项目团队的展示内容，多位评审员从多角度出发，注重学生在展示中实际问题的经验引导。其他学员的评价在每个展示活动结束之后进行，学生对照项目记录和评价量表中的项目，通过队长梳理、组员评议发现各自的优点和不足。这些都体现了贴近学生活动的"FIRST核心价值观"。

由于受一节课活动时间的限制，在展示交流活动方案环节很多小组不能得到充分的点评，缺少足够时间交流及相互间的评价互动，在本节课结束之后各团队设计的项目方案还存在诸多的问题，课后，还需要学生积极利用时间进一步交流完善。

（郑州冠军中学　吴　帅）

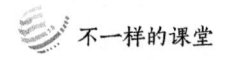

活动38 剪纸的技与艺

【活动背景】

剪纸是具有悠久历史的中国传统艺术。剪纸的相关知识，学生都曾有过接触，但对剪纸艺术的历史、技巧及多姿多彩的民间艺术表现形式，缺乏系统的了解。这门传统艺术承载着怎样的历史和民俗，又如何传递着中华民族的人文情感与趣味、人文精神和思想，学生更没有全面的了解。通过对剪纸艺术历史、技法的学习和运用，使学生能够剪出完整的剪纸作品，提高动手实践能力，为生活增添情趣；激发与鼓励学生在今后学习、生活中积极学习探索剪纸艺术的兴趣；提高学生担负起保护、继承、弘扬剪纸艺术的责任意识，从而增强保护、传播民族艺术的责任感。

【学情分析】

学生在七、八年级已经学习过造型表现的方法、纹样的构图和设计技巧，掌握了简单的剪纸方法，有一定的手工制作经验，为进一步学习剪纸技法，做了很好的铺垫。九年级学生对精美的剪纸作品充满好奇，渴望独立、成功地完成一件剪纸作品。但是对剪纸的历史、题材、表现形式、艺术特点等缺乏系统的认识，了解的不全面、不深入，需要教师专业、系统的研究性学习方式地指导。

【活动目标】

1. 了解剪纸的历史，说出剪纸的分类、题材、表现形式、艺术特点，掌握剪纸的定义。

2. 学习剪纸的基本方法，能剪出一幅作品。

3. 理解剪纸的文化寓意，提高对剪纸艺术的认识，激发对中国民间艺术的热爱，增强民族自豪感，继承和弘扬中国传统文化。

【活动重点】

学生了解剪纸的历史、表现形式、艺术特点，掌握剪纸的基本步骤。

【活动难点】

学生掌握剪纸的技巧，并能在以后创新。

【活动流程】

本节课共设计了四个流程：①激趣导入；②课堂展示；③实践创作；④思考升华。教师准备所需要的课件，学生需要准备课前调查资料、活动调查表、课前学生组内分工合作，并制定切实可行的计划，利用课余上网，查阅图书资料，走访艺人等各种形式，将知识制成手抄报、思维导图、电子演示稿等。

一、激趣导入

【设计意图：激发学生探究、制作剪纸艺术的兴趣】

1. 播放剪纸视频。

提问：

（1）"视频中展现的艺术形式是什么？"

（2）"在生活中你在哪见过剪纸？"

2. 今天就跟随我们班研究性学习小组一起走进剪纸艺术世界，体验趣味剪纸，学习中国表达。（导入课题"剪纸的技与艺"）

二、课堂展示

【设计意图：了解剪纸的历史；说出剪纸的分类、题材、表现形式、艺术特点；掌握剪纸的定义，锻炼学生自主学习、交流表达的能

力，培养学生合作分享的意识】

1. 出示学习目标：三个，请同学们轻声朗读一下。

2. 上课前，我们布置了研究性学习任务，每个小组都选定自己的研究方向，通过一周的探索学习及组内讨论，下面给出 3 分钟时间，各小组准备汇报研究成果。

3. 出示课前布置的研究性学习单：

（1）剪纸最早在哪里发现？内容是什么？

（2）剪纸经历哪些朝代？这些朝代都有哪些名家？其代表作是什么？

（3）剪纸艺术的用途、分类？

（4）剪纸都有哪些题材？

（5）剪纸的表现形式有哪些？

（6）剪纸的特点是什么？

4. 分六个小组一一展示，一人主汇报，其他同学补充。

PPT 配合展示剪纸的分类、题材、表现形式、艺术特点。

5. 在大家的分工合作下，同学们研究、学习、汇报非常准确、全面，了解了剪纸的分类、题材、表现形式、艺术特点。下面我们能不能给剪纸下个定义？

出示剪纸的定义。

三、实践创作

【设计意图：学以致用，动手剪纸，体验剪纸创作的制作过程。锻炼学生动手实践能力、创造能力】

1. 请我们班剪纸社团的同学们给大家讲讲剪纸的步骤和方法。

（1）明确主题。

（2）构思起稿：对画面布局，折叠，画出整体轮廓。

几种折法：对折、三角折、四角折、五角折。

（3）剪、刻：用剪子、刻刀刻，要将四角固定，按从上到下、从左到右、从小到大、从细到粗、从局部到整体的顺序进行。

（4）选底粘贴，剪刻后将剪纸揭开，并将成品粘贴保存。

2. 老师示范。

3. 小组合作，实践创作。

4. 教师巡视，发现共性问题。活动停止，邀请剪纸传人李老师示范剪纸的技巧。

5. 学生进行调整方法，继续创作。

6. 小组学生上台展示，并讲述自己作品的文化寓意。

7. 生生点评，教师适时肯定。

8. 一起欣赏非遗传人的剪纸神作，非遗传人讲解自己作品的寓意并对学生作品点评。

四、思考升华

【设计意图：理解剪纸的文化寓意，提高对剪纸艺术的认识，激发学生对中国民间艺术的热爱，增强学生民族自豪感，继承和发扬中国传统文化。升华感情，增强民族自豪感】

观看视频：

今天我们学习了很多剪纸知识，也近距离接触了剪纸非遗传承人的精湛技艺，还看到了不论是小学生，还是青年人，都在学习传承着我国传统剪纸艺术，这是为什么？这是因为剪纸是人们对美好祝福的表达，是对美好生活的追求。它题材广泛、有独特的表现力，展现着中国人民的喜怒哀乐和审美情趣。

现在越来越多的中国人喜欢剪纸，学习剪纸，也有越来越多的外国人来中国学习剪纸。2009 年在联合国教科文组织保护非物质文化遗产政府间委员会第四次会议上，中国申报的"中国剪纸项目"入选《人类非物质文化遗产代表作名录》。只有民族的才是永恒的，我们要传承中华文化的基因，做民族艺术的保护者和传播者，只有这样我们才能无愧于先人、无愧于历史、无愧于民族。

希望今天的剪纸课能为你开启一扇门，希望同学们以后继续深入学习探索剪纸艺术，用最中国的表达形式，向世界介绍中国，做中国文化的使者。

五、总结回顾，布置任务

【设计意图：总结本课，布置下节课任务】

创作一副完整的迎新年的剪纸作品。

【教学反思】

通过本堂课的教学，有这么几点感触。

其一，让导入变得新颖。本节课能将信息技术融合，以古典美的传统文化剪纸视频切入主题，伴随着精美的图文，吸引学生的目光，让学生通过自主学习，发现问题，组内探讨相关知识并解决问题。

其二，融合信息技术让多媒体课件变得吸引眼球。本节课采用了未来教室的分屏技术，紧抓学生的注意力。同时，信息技术集图、声、光、电为一体，其形象生动的画面设计和新颖独特的情景设计，让剪纸艺术作品栩栩如生地展现在学生面前，借助信息技术手段把剪纸艺术传递给学生，并突破了传统美术活动教学模式和教学方法，有利于启发学生的思维，开阔学生的眼界，增添了课堂的趣味性。

其三，在实践"剪纸"的展示环节中，让学生分小组进行线上PPT展示和线下实物解说。这样多维的直观效果就产生了，学生能从课堂中感受到传统艺术带来的氛围，也体验到民间美术带来的愉悦感！

从学生反馈的情况来看，这种新颖的方式，对调动学生的学习积极性有很大的帮助，从而也使得我的课堂变得生动有趣。

其四，采用多元化的评价方式。不仅老师评价学生，还有学生评价学生，还可以是小组内外相互评价，评价不仅是语言，还可以是多媒体、手势、眼神、表情等，让优秀学生的作品通过多媒体展示在每一个学生面前，增强荣誉感。

本节课采用了"任务驱动"教学法，重视学生综合能力的培养，课前自主学习阶段，学生们通过信息技术手段搜集和学习关于剪纸的知识，并分组做了手抄报、思维导图等，充分发挥了学生的主体作用，在收集资料的过程中培养了学生的创新能力和独立分析问题，解决问题，建构知识体系的能力。

（郑州丽水外国语学校　袁惠玲）

活动 39　探访大河村遗址

【活动背景】

郑州市作为国家历史文化名城是华夏文明的重要发祥地，拥有丰富的可供课程开发利用的历史文化资源。郑州市第七十五中学坐落在市区东北部，位于贯穿南北的城市主干道中州大道上，交通便利，地理位置优越。学校周边有河南省博物院、河南省地质博物馆、郑州市森林公园、北龙湖湿地公园、黄河博物馆、大河村遗址博物馆、小营点军台遗址生态文化公园等人文景区，为课程实施提供了十分有利的条件。

于此，学校开发与实施了"行走课程"，通过组织学生到博物馆、科技馆、艺术馆、主题公园、历史文化古迹遗迹等处进行参观、访问、游历等活动，将学科知识融入实践探索之中，拓展学生视野，丰富学生阅历，厚植爱国情怀，培养人文底蕴，提升核心素养。其中"探访大河村遗址博物馆"涉及的学科比较广泛，涵盖了政治、历史、地理、生物、物理、化学、艺术等多个学科。

【学情分析】

我校作为一所区域内接受外来务工人员随迁子女的学校，学生学习基础薄弱，学习兴趣不高、视野狭窄、动手能力差，探索欲望不足，面对困难缺乏克服的勇气。学校充分利用周边社会资源，开发适合学校实际、便于实践操作的行走课程，激发学生的求知探索的欲望，提高学生实践创新的能力，丰富学生的人文底蕴。"探访大河村遗址"的

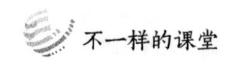

实施对象是七年级，正好与历史、美术、语文学科的知识相链接与融合，让学生通过研学、探究的方式，明白学科间的知识、技能、学科思想的相融与重构，可以让学习思维得到发散，方法运用灵活，学习方式更为自主、富于生机而又乐趣盎然。

【活动目标】

（一）知识与技能

通过亲身行走、实地参观了解学习大河村遗址的有关知识、文化以及与之相关的学科知识。

（二）过程与方法

1. 学生在老师的指导下，学习利用互联网进行查阅资料及整理信息的方法并锻炼其搜集信息，探索求真的能力。

2. 通过自行编组、小组合作等，培养学生团队协作能力。

3. 通过行走课程相关活动，培养学生的安全意识、文明意识、环保意识和探究意识，提高观察能力、动手能力、辨别能力和实践能力。

（三）情感态度与价值观

1. 通过了解大河村遗址中充满先民智慧的发明创造，激发学生的民族自豪感。

2. 通过行走课程的系列活动，让学生养成良好的学习、生活习惯。

3. 通过研学旅行成果展示，引导学生学会倾听、敢于表现、乐于分享，丰富他们的人文底蕴，提升核心素养。

【活动重点】

在活动成果展示的环节中，引导学生敢于表达、乐于分享，利用多种媒体手段进行创新型的展示汇报。

【活动难点】

通过亲身行走、实地参观了解学习大河村遗址的有关知识、文化以及与之相关的学科知识。

【活动流程】

本次研学之旅共分四个流程：①走近大河村；②秘境寻踪；③小试身手；④三省吾行。期间教师需要测定参观路线，与场馆讲解员精准对接，准备相关课件，指导学生制作资料袋，制定任务单等，学生准备研学手册，以小组合作的形式，搜集整理相关资料，同时准备手机等摄像设备，记录本组的活动轨迹。

环节一：走近大河村

【设计意图：查找大河村遗址的相关资料，师生共同学习，激发学生对探索新知的兴趣；同时，引导学生自由结合，成立学习小组，合理分工，为本次行走课程营造和谐有序的氛围】

1. 教师利用多媒体设备播放资料片，揭示本次课程的目的地——大河村遗址博物馆。

2. 教师布置行走前的学习任务：要求同学们自由结合形成小组，指导他们明确分工，利用课余时间，通过多种渠道搜集整理有关大河村遗址的相关资料。

3. 同学们先在小组内进行充分的交流，在任务单上记录自己的三点发现，再以小组为单位制定"行走公约"，可以对课程中的各个环节进行个性化的定制。

环节二：秘境寻踪

【设计意图：在这个环节里我们正式走进陈列厅，学生先认真倾听博物馆讲解员的讲述，然后以小组为单位，完成任务单上的四项活动。在这个过程中突破本次活动的重点难点，引导学生亲身体验大河文化的源远流长以及古代先民的勇气与智慧】

1. 有请博物馆讲解员带领大家参观博物馆，期间各小组注意对照自己在资料袋中记录的发现与问题，相机交流，及时记录。

2. 教师提出问题：讲解员在讲解一件文物时都介绍了哪些方面，你最感兴趣的是哪件。请同学们思考后挑选几位发表自己的看法，其他同学仔细倾听，随时进行补充和提炼。

3. 引出"秘境寻踪任务卡"：我们所在的大河村遗址博物馆，还有一个富有诗意的名字——星空下的村落，现在请大家带着任务卡到博物馆中探寻古老神秘的中华文化吧！

4. 学生以小组为单位接受任务卡片，合作完成四项任务。各组的摄影师要注意使用拍摄工具对整个活动过程进行录制和抓拍，教师在这个过程中安静跟随，注意观察记录。

秘境寻踪任务卡

任务1·和平之影：寻找一件象征和平、友好、相敬、相亲的器物，简单描绘它的外形。猜猜它在当时是做什么用的？

任务2·美好之饰：我们的祖先纵然处在原始蛮荒的时代，也要竭尽所能追求美好，他们在使用的器皿上绘制了在今天看来也依然精美的图案，时至今日我们依然能够用这些纹饰装点生活。

寻找带有纹饰的器物，发现大河先民喜欢使用的纹饰，选择其中你最喜欢的5种记录下来。回来后利用其中的一种或几种绘制一幅作品。

任务3·智慧之光：寻找一件大河先民取水时使用的神器，了解它的工作原理，用图画简单表述。

任务5 进步之路：在陈列馆中寻找劳动场景，了解大河先民生活方式的演变过程。

环节三：小试身手

【设计意图：在汇报展示阶段，我们就地取材，鼓励学生站上讲解台，通过充分的生生、师生交流，引导学生总结归纳自己的参观收获】

1. 教师邀请一个小组走上博物馆讲解台进行任务单的展示，其他同学围坐一圈，边听边思考他们的汇报中有哪些亮点和不足。

2. 请其他小组对任务内容进行补充，师生进行充分的交流与评价。教师小结：大河村之旅以及课程的体验一定让你有不少的收获，我们在小组活动中要注意彼此的分工与合作，展示汇报时要注意重点内容的呈现，也可以在形式上进行创新，思考如何让自己的汇报内容更加引人注目。

环节四：三省吾行

【设计意图：古语三省吾身，今谈三省吾行。在活动的最后，有效的反思能帮助学生更好的消化吸收自己的观察所得，为下次行走做好准备】

1. 教师总结：大河村遗址主要包括仰韶文化、龙山文化和夏商时期文化，大河村是我们的祖先用辛勤劳动和智慧换来的，表现了我们古代先民的聪明才智。通过本次活动，同学们深入了解到许多历史知识，亲身体验了有趣的先民生活。此次行走课程虽已结束，但我们的探索之旅却刚刚开始，请大家选择这次活动中你感兴趣的点，利用图书、网络等资源继续探索发现吧！

2. 作业布置：一是撰写行走日记，每位同学整理一份"行走日记"，将自己的感悟、收获、参观攻略等记录下来。二是可以尝试编辑微电影，在这次的小组合作过程中一定充满乐趣，请整理本组活动的影像资料，尝试编辑"微电影"，把自己收集到的"宝藏"展示出来。

【教学反思】

综合实践活动是基于学生经验，密切联系学生自身生活和社会生活，注重对知识技能的综合运用，体现经验和生活对学生发展价值的实践性课程，行走课程正是基于这样的理解而来。这节课我通过组织学生到大河村遗址博物馆参观，将学科知识融入实践探索之中，涉及学科比较广泛，拓展了学生视野，提高了学以致用，融会贯通的学习能力与思维，培养了发现问题与解决问题的能力，丰富了学生的实践阅历，厚植了爱国情怀，培养人文底蕴。

课后，我产生了这样的思考：一是要真正实现小组合作、发展每个学生的个性。这节课前，我鼓励学生选择自己喜欢的合作伙伴组成合作小组，并让他们在小组内选择最想研究的问题，在小组成员分配工作时，指导学生根据自己的特长选择自己在小组里承担的任务这样的做法，为活动的开始进行打下了坚实的基础。二是要注重探究式学习方式，培养学生用多种方式搜集资料的能力，鼓励学生在研究的过

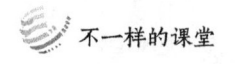

程中不断提出问题,通过自己的思考、求助、与别人的讨论等把问题解决,提高了学生探究学习的能力。学生在真实的情景中得以真实的学习、实践与经历!

(郑州市第七十五中学　张　滢)

后　记

　　这一篇篇活动设计，来自学校集体智慧的结晶。
　　这一篇篇活动设计，来自教研组的一次次研讨。
　　这一篇篇活动设计，来自教师多次的实战经验。
　　这一篇篇活动设计，体现了以学生为主的内涵。
　　金水区自2009年起，开展每年一届的综合实践活动课程教师基本功比赛、教师课堂希望杯比赛，这项区域性的经典活动，力求提升课堂教学四十分钟的质量，提高了教师的教研能力，培养了教师的教学意识，凝聚了教师团队的向心力，实现了校本研修的意义和价值，助推了区域课堂教学的整体发展与提升，形成了精品的课堂教学实录与主题成果。
　　本书中的活动设计，都是经过学校的教研团队深度揣摩、多次磨课而最终形成的，有的获得国家级优质课一等奖，有的获得省市级优质课奖项，它们都代表着学校的课堂文化特色，体现了以学生为主的、丰富的、有效的课堂模式。
　　教师在这样的课堂展评活动经历过程中，收获与成长颇多：
　　刘薇老师说：曾经年复一年的教学让我陷入了固化的教学格局与思维模式，在无法突破的瓶颈期让我迷茫。近年来随着学科核心素养的提出与全面推进，使我的教学思路更加清晰。我将实践活动替代了重复与枯燥的讲授，我将教学阵地转向操场上、黄河边、气象站，让教学真正走入生活，走入实践。
　　于是，学生看着课本上的知识变得鲜活与立体起来，我看着孩子们在活动中热情探究追寻真理，两生欢喜。我教的轻松了，学生们学的愉快了，教学更加高效了。学生们更加热爱科学、热爱知识、热爱生活，而我更加热爱我的教学、热爱我的学生、热爱我的职业，更加愿意去突破、去实践、去探索，我想这就是教学相长吧。

吴帅老师说：作为创客教师，我的教学主张是"自主探究，自主研讨，自由表达"。在教学活动实施过程中，我注重的不是学生的成绩，而是学生的自主性和参与过程所带来的成长。当活动体现出学生发展的主体性、探究性、成长性、多元性的时候，学生的参与是积极的、饱满的、施展的，我们看到的是学生在活动中充满的喜悦感、成就感，哪怕遇到一些困难，他们也乐意去挑战。因此，活动设计一定要基于学生，同时又要具有挑战性！

王嫄老师说：综合实践活动课重在关注学生在活动中的习得，学有所长，学有所获，学有所悟。教师通过给学生提供真实的体验情景，让学生在活动中团结协作，与生活紧密结合，产生新的直接经验，是非常重要的一种情景式学习、操作式学习方式。一个小的项目式学习体验，在设计的时候要充分考虑学生的经验，融合学生的跨学科知识与技能，从而重组学生的知识与思维发展，这才是以学生为主的深度学习。

李亚主任说：我在实施"舌尖上的金水"活动中，注重引导学生持续进行探究、体验、反思与行动，并及时对学生的学习过程与学习结果进行评价。注重评价学生的研究过程，以评促长，极有效地激发了学生的探究欲望，聚焦了学生探究过程中的价值观的表现，肯定了学生的收获与成长，增进了学生进一步探究的信念。比如，活动结束后，根据小组的活动成果都给予一个奖项，既肯定了学生的付出，又指向了评价的多元化。

…………

总之，教师的教学方式决定着学生的学习方式，学生的学习方式决定着学习的质量、高度、广度、宽度。当教师的课程规划、活动设计、教学指导、活动评价都以学生的成长与发展为主时，学生在知识、技能、情感等方面的获得是真实的、丰满的、有深度的。这一篇篇的活动设计，不仅体现了以学生为主，更体现了每一位教师的教学主张和教学设计理念，是值得同人借鉴和推广的。

后 记

在这里，感谢杨四耕教授的真诚指导，帮助金水区的教学成果走向规范与深度，体现出我区的综合实践活动课程的独特价值与特色内涵；感谢我区李正局长、段立群主任的大力支持和指点；同时也感谢我区综合实践活动课程团队的教师，将自己的活动设计与同人们进行分享与交流！

同时感谢郭元祥教授，对金水区综合实践活动课程开发与实施的指导，对本人业务精进的无私帮助。他对业务的执着和付出，将影响我继续潜深钻研，并带领本区的老师且行且思且创！

综合实践活动课程是一门"做"的课程，我们秉持在"做中思""思中做"的行动研究学中"脚踏实地 仰望天空"，走出了这条具有二十年历程的道路。

没有最完美的教学，也没有最完美的活动设计。但我们会一直行走在打造"让每一位学生都得到发展"的课堂内涵之路上，备好每一节课，上好每一节课，让每一节课都成为孩子可以经历的一个世界！

河南省郑州市金水区教育发展研究中心
2019 年 6 月